HENRI NOUWEN

HENRI NOUWEN

Wenn dein Herz nach Hause kommt

*Bild und Geschichte
vom Barmherzigen Vater*

Geistliche Übungen

Aus dem Amerikanischen
von Ulrike Strerath-Bolz

FREIBURG · BASEL · WIEN

INHALT

SUE MOSTELLER
Bist du heute Abend zu Hause?

Vorwort der Herausgeberin 7

HENRI NOUWEN
Wenn dein Herz nach Hause kommt

Prolog:
Treten Sie mit mir in die Geschichte ein 15

Erster Teil
Von zu Hause weggehen und zurückkehren

1 Von der Einsamkeit zur Arche 29
   Übung: Auf »Zeichen« achten

2 Der jüngere Sohn 41
   Übung: Feiern

3 Von der Arche zur zweiten Einsamkeit 63
   Übung: Nehmen Sie Ihre wahre Identität in Anspruch

Zweiter Teil

Das unsichtbare Exil der Verbitterung

4 Der ältere Sohn 89
   Übung: Lieben Sie diejenigen, die anders sind

5 Das verborgene Exil des Grolls 103
   Übung: Schließen Sie Freundschaft mit den Armen

6 Heimkehr in die Dankbarkeit 119
   Übung: Nehmen Sie auf dem Weg nach Hause das Zuhause in Anspruch

Dritter Teil

Zu Hause sein heißt Liebe empfangen und Liebe geben

7 Die ursprüngliche Beziehung 137
   Übung: Nehmen Sie Ihr inneres »Geistesleben« in Anspruch

8 Berührung und Segen 147
   Übung: Barmherzigkeit empfangen

9 Bedingungslose Liebe 161
   Übung: Begleitung suchen

Epilog: Nach Hause kommen 177

Anmerkungen 181

Ausgewählte Schriften von Henri Nouwen 185

BIST DU HEUTE ABEND ZU HAUSE?

Vorwort der Herausgeberin

Als Henri Nouwen 1986 zum ersten Mal in die Arche-Gemeinschaft nach Daybreak kam, bat man ihn, in einem Haus mit mehreren Menschen mit geistiger Behinderung zu wohnen. Einer dieser Mitbewohner war John. John lebt schon seit vielen Jahren in der Gemeinschaft und ist ein Mann mittleren Alters, gut verwurzelt und geerdet in seiner zehnköpfigen Gruppe. Seine erste Frage an jeden Fremden lautet: »Und wo bist du zu Hause?« Außerdem beobachtet er ganz genau die Bewegungen der Menschen in seiner Umgebung und stellt den Assistenten im Haus und in der Gemeinschaft jeden Tag noch eine zweite, direktere Frage: »Bist du heute Abend zu Hause?« Auch Henri mit seinem übervollen Terminkalender entging diesen eindringlichen Fragen nicht, vor allem der zweiten. Und sehr oft musste er John mit stockender Stimme erklären, warum er an diesem Abend wieder einmal nicht am gemeinsamen Abendbrottisch sitzen würde. Obwohl Henri eigentlich nach Daybreak gekommen war, weil er ein Zuhause suchte, brauchte er mehr als ein Jahr, um die vielschichtige Bedeutung von »Und wo bist du zu Hause?« und »Bist du heute Abend zu Hause?« zu erfassen. Er brauchte die Vaterfigur John, die ihn fest und stetig daran erinnerte, dass er auf einer Reise war – auf einer Heimreise.

Mitten in seinem zweiten Jahr in der Gemeinschaft erlitt Henri einen Zusammenbruch, der ihn zwang, sich für sieben Monate aus Daybreak zu verabschieden. Den größten Teil dieser Zeit verbrachte er in Einsamkeit, unterstützt von zwei Freunden aus dem Team von *Homes for Growth* in Winnipeg/Manitoba. Ich hatte das Privileg, ihn dort besuchen zu dürfen, und als wir über seine Genesung sprachen, erzählte er mit bewegenden Worten von seiner Einsamkeit und von seinen nachdenklichen »Begegnungen« mit den Menschen auf Rembrandts Bild »Die Rückkehr des Verlorenen Sohnes«.

> Wir sind keine menschlichen Wesen auf einer spirituellen Reise. Wir sind spirituelle Wesen auf einer menschlichen Reise.
> *Teilhard de Chardin*

Seine Erfahrungen waren noch unverarbeitet und zutiefst persönlicher Natur.

Gerade aus Winnipeg zurück, kurz vor seiner Rückkehr nach Daybreak und mehr als drei Jahre vor der Veröffentlichung seines Klassikers *Nimm sein Bild in dein Herz* hielt Henri einen dreitägigen Workshop über die Erfahrungen, die er in der Einsamkeit mit dem biblischen Gleichnis und dem Bild gemacht hatte. Obwohl er sehr damit zu kämpfen hatte, seine Erfahrung in Worte zu fassen, ging Henri das Risiko ein und »fand seine Stimme«, um auf seine vielleicht stärkste Weise zu beschreiben, was es für ihn hieß, sich als Gottes geliebter Sohn anzunehmen. Er sagte seinen Zuhörern, einer Gruppe von Pflegekräften aus den Arche-Gemeinschaften in der ganzen Welt, er sehne sich nur danach, jedem von ihnen bei der Entdeckung der eigenen persönlichen Verbindung zwischen dem Gleichnis und ihrem eigenen Leben zu helfen. So wie er es in seinen einsamen Monaten getan hatte, drängte er sie alle, das Gleichnis vom Verlorenen Sohn zur intimsten eigenen Geschichte zu machen.

Henri glaubte an seine Zuhörer und vertraute auf ihre Fähigkeit, sich über seine Erfahrung hinauszubewegen, hin zu ihrer eigenen persönlichen, einzigartigen und kostbaren Verbindung zu diesem Gleichnis. Dasselbe Vertrauen zum Leser des Manuskripts ist über das Grab hinaus spürbar, wenn er für jede und jeden von uns den Weg zu einer tiefen, ureigenen Begegnung mit der bedingungslosen Liebe weist, wie sie in diesem Gleichnis aufscheint.

Seine Vorträge bei dem Workshop wurden nicht professionell aufgezeichnet, aber seit seinem Tod werden Auszüge daraus vervielfältigt und verteilt. Offenbar hat Henri seinen ersten Vortrag mit mehr Sorgfalt vorbereitet als den zweiten oder dritten, und aus diesem Grund wurde die wortgetreue Abschrift der Bänder nicht veröffentlicht. John Mogabgab und Robin Pippin von *Upper Room Ministries* in Nashville, Lindsey Yeskoo, eine Freundin aus Toronto, Trace Murphy beim Verlag Doubleday in New York und ich haben die Herausforderung angenommen, das Material so zu bearbeiten, dass es Henris authentische Stimme wiedergibt, sein ergreifendes Zeugnis einfängt und uns allen einen Weg hin zu einer folgenreichen Begegnung zeigt.

> Wenn wir von einer Geschichte lernen, ist es besonders schön, dass die Geschichte niemals endet, also muss unser Lernen auch niemals enden.
> *Parker J. Palmer*[1]

Henri hielt jeden Morgen während dieses dreitägigen Workshops einen Vortrag und führte die Teilnehmer jeweils am Ende zu einer Zeit der Stille und zu den drei uralten spirituellen Übungen: Hören, Aufschreiben und Beten (»Sich-Verbinden«). Diese geistlichen Übungen waren darauf angelegt, die Geschichte und das Gemälde persönlich wahrzunehmen und zu durchdringen. Später am Tag tauschten sich die Teilnehmer in Kleingruppen über ihre Erfahrungen mit den Übungen aus. Freiwillige Zeiten persönlicher Meditation und gemeinsamen Gottesdienstes waren im Tagungsablauf ebenfalls vorgesehen.

> Sie sind so jung, so vor allem Anfang, und ich möchte Sie, so gut ich es kann, bitten, lieber Herr, Geduld zu haben gegen alles Ungelöste in Ihrem Herzen und zu versuchen, *die Fragen selbst* liebzuhaben wie verschlossene Stuben und wie Bücher, die in einer sehr fremden Sprache geschrieben sind. Forschen Sie jetzt nicht nach den Antworten, die Ihnen nicht gegeben werden können, weil Sie sie nicht leben könnten. Und es handelt sich darum, alles zu leben. *Leben* Sie jetzt die Fragen. Vielleicht leben Sie dann allmählich, ohne es zu merken, eines fernen Tages in die Antwort hinein.
> *Rainer Maria Rilke*[2]

Im Einklang mit diesem Muster ist das vorliegende Buch so angelegt, dass es Ihnen als Leserin und Leser die Möglichkeit bietet, in die Erfahrung des Workshops mit einzusteigen und jene Stimme zu hören, die verlockender war als alle Entschuldigungen, Ängste und Widerstände bei Henri selbst.

Es verlangte ihm einen gewissen Mut ab, seine geistliche Heimkehr mit anderen zu teilen, aber irgendwo wusste er, dass seine Geschichte das Potenzial in sich barg, im Leben anderer Menschen Früchte zu tragen. Was er damals nicht erkannte, was aber in den Vorträgen immer deutlicher wird, ist seine eigene allmähliche Verwandlung in jene Gestalt des Vaters, von der er spricht – jener Vater, der sich ebenfalls nach unserer Heimkehr sehnt und darauf hofft.

So ist es nun an Ihnen, unter der Führung von Henris »Stimme« und entflammt vom lebendigen Geist der Liebe persönlich auf Johns einfühlsame Fragen zu lauschen: »Wo bist *Du* zu Hause?« und »Bist *Du* heute Abend zu Hause?«

Sue Mosteller
Henri Nouwen Legacy Trust

HENRI NOUWEN

Wenn dein Herz nach Hause kommt

Prolog:
Treten Sie mit mir in die Geschichte ein

Gleich zu Beginn lade ich Sie ein, das Gleichnis von der Heimkehr des Verlorenen Sohns in Ihr Inneres hinabsteigen zu lassen – vom Verstand ins Herz –, damit sich die Bilder in dieser Geschichte fest in Ihrem Geist verankern. Ich vertraue darauf, dass in Ihnen etwas Neues geboren wird, durchaus anders als das, was in mir geschah. Etwas, was Ihnen ganz allein gehört. Sie sollten nur wissen, dass es sehr wichtig ist, *wie* Sie dieses Gleichnis empfangen.

> Lies mit einem verletzlichen Herzen. Erwarte, beim Lesen Segen zu erfahren. Lies wach, in Erwartung des Geliebten. Lies mit Ehrfurcht.
> Macrina Wiederkehr[3]

Das Gleichnis und das Gemälde laden Sie ein, rufen Sie dazu auf, einzutreten und als einer der Charaktere mitzuwirken. Wenn Sie sich dazu entscheiden, *Teil* der Geschichte zu werden, können Sie sich neuer Verbindungen zu Ihrem persönlichen Lebensweg bewusst werden. Deshalb fordere ich Sie eindringlich dazu auf, diese Geschichte zu Ihrer eigenen, ganz intimen Geschichte werden zu lassen.

Außerdem ist es mir wichtig, dass Sie nicht allein in die Geschichte hineingehen, sozusagen nur in Ihrem eigenen Namen. Sie sollten in Solidarität mit all Ihren Brüdern und Schwestern hineingehen, mit der ganzen Menschheitsfamilie auf dieser Erde. Und ich sage das ehrlich nicht nur so dahin, denn ich habe wirklich das

Gefühl, dass Sie gut in diese Geschichte hineingehen, wenn Sie im Namen aller hineingehen, die das Menschsein mit Ihnen teilen. Ihre Sehnsucht nach Gemeinschaft mit den Menschen in dem Gleichnis tut nicht nur Ihnen selbst gut, sondern auch vielen anderen, weil Ihr persönliches Leben ein Geschenk für die Menschen in Ihrer unmittelbaren Umgebung und darüber hinaus ist. Wir wissen heute aufgrund naturwissenschaftlicher Forschungen, dass Sie und ich ganz eng mit allem und jedem im Universum verbunden sind. Dies ist also eine Einladung, sich selbst hier und jetzt »im Namen« vieler Brüder und Schwestern zu sehen, in dem Glauben, dass jede Bewegung in Ihnen auch in denjenigen etwas auslöst, in deren Namen Sie leben.

Das ist vielleicht ein neuer Gedanke für Sie, aber ich lade Sie dazu ein, sich von Menschen umgeben zu sehen – zunächst von Ihrer Familie, dann von Ihren Lieben, Verwandten, Freunden, Bekannten, Geschäftspartnern, den Menschen in Ihrer Nachbarschaft, Kirche, Kultur, auf Ihrem Kontinent und schließlich in der ganzen Welt. Vielleicht haben Sie Mühe mit einigen Menschen in Ihrer unmittelbaren Nähe. Es gibt Familienstreitigkeiten

> Wenn wir den Schmerz unserer eigenen Verluste spüren, öffnen unsere trauernden Herzen unser inneres Auge für eine Welt, in der Verluste weit über unsere kleine Welt von Familie, Freunden und Kollegen hinaus erlitten werden. Es ist die Welt der Gefangenen, Flüchtlinge, Aids-Patienten, der hungernden Kinder und der zahllosen Menschen, die in ständiger Furcht leben. Dann verbindet uns der Schmerz unserer weinenden Herzen mit dem Stöhnen der leidenden Menschheit. Und dann wird unser Trauern größer als wir selbst.
> *Henri Nouwen*[4]

mit Ehepartnern, Eltern, Kindern und Geschwistern. Es gibt viele schmerzhafte Erinnerungen und Gefühle, die sich um Trennungen, Verlust und Missverständnisse ranken. Außerdem sind Ihnen viele andere Menschen in der Nähe und in der Ferne im Bewusstsein; einigen geht es gut, während andere unter Armut, Krankheit, Missbrauch, Gewalt, Einsamkeit und Hunger zu leiden haben, in Flüchtlingslagern oder einfach in tiefer Verzweiflung. Stellen Sie sich in die Mitte all dieser Menschen, nehmen Sie Ihre Menschlichkeit gemeinsam mit diesen Menschen in Anspruch, ohne jemals nur für sich zu denken, zu wachsen, zu sprechen oder zu handeln.

Während Sie sich allmählich für andere öffnen, gestatten Sie allen Entscheidungen, die Sie in der verborgenen Stille Ihres Herzens getroffen haben, für alle Menschen lebendig zu werden, ob sie noch lebendig oder schon gestorben sind. Stellen Sie sich in die Mitte all dieser Menschen. Sie gehören zu jedem anderen Menschen und zu jedem Teilchen im Universum. Wie ein Stein, der ins Wasser fällt, ist Ihr Leben von immer größer werdenden Beziehungskreisen umgeben. Und wenn Sie in das Gleichnis eintreten, tun Sie das mit all den Menschen in Ihrem Herzen. Rufen Sie sie dazu, identifizieren Sie sich mit ihnen und vereinigen Sie Ihr Denken mit ihnen, während Sie sich mit mir auf die Reise in diese Geschichte machen.

In diesem Buch schreibe ich meine persönliche Erfahrung *in* das Gleichnis vom Barmherzigen Vater ein, während ich daraus zitiere oder die Geschichte nacherzähle. Wenn Sie mein Leiden und die Freude verstehen, aus der meine Worte geboren sind, dann können Sie vielleicht so viel Distanz aufbringen, dass Sie sagen: »Mein Leben sieht anders aus, aber ich finde Verbindungen zwischen den Menschen in der Geschichte und meinem Leben, so wie er es mit seinem Leben getan hat.« Ich vertraue darauf, dass Sie in der Beschäftigung mit der biblischen Geschichte alle meine Worte loslassen bis auf die, die wichtig sind für Sie und für Ihre heilige Beziehung zu Gottes schöpferischem Geist.

Seit meiner frühen Jugend wird mein Leben von zwei starken Stimmen beherrscht. Die eine sagte: »Mach deinen Weg in der Welt und sorg dafür, dass du es allein schaffst.« Und die andere Stimme sagte: »Was auch immer du für den Rest deines Lebens tust, selbst wenn es nicht besonders wichtig ist, vergewissere dich, dass du an der Liebe Jesu festhältst.« Mein Vater neigte ein bisschen mehr zu dem ersten Satz, meine Mutter zum zweiten. Aber beide Stimmen waren stark. »Behaupte dich. Zeig der Welt, dass du allein zurechtkommst und keine Angst hast. Geh, so weit du willst, und sei ein Mann. Sei ein guter älterer Sohn und Bruder, und sorg dafür, dass du etwas wirklich Bedeutendes tust«, sagte die eine. Und die andere: »Verlier nicht die Verbindung zu Jesus, der einen sehr demütigen, einfachen Weg gewählt hat. Jesus wird dir durch sein Leben und seinen Tod ein Beispiel für dein Leben geben.«

Ich hatte damit zu kämpfen, denn die eine Stimme

Ich bin in tiefes Wasser gestiegen, und die Flut überschwemmt mich.
Ich bin erschöpft vom Weinen; ich dürste, als wäre ich in der Wüste.
Ich sehe den Weg nicht mehr, solange ich auf deine Rückkehr warte.
Nan C. Merrill, nach Psalm 69[5]

schien mich nach oben und die andere nach unten zu schicken, und ich war nie sicher, wie ich beide Bewegungen zusammenbringen sollte.

Vermutlich ließ ich die Aufwärts-Stimme sehr schnell die Oberhand gewinnen, zumal ich der älteste Sohn einer sehr ehrgeizigen Familie war. Am Anfang wollte ich der Welt tatsächlich zeigen, dass ich es drauf hatte, und so wurde ich Priester und Psychologe. Es reichte mir nicht, Priester zu sein, ich wollte auch Psychologe sein. Wenn jemand dann etwas gegen Priester hatte, mochte er ja vielleicht Psychologen. Und so machte ich mich auf den Weg nach oben. Ich kam aus den Niederlanden in die USA und begann bald an der Universität Notre Dame zu unterrichten. Dann wechselte ich von Notre Dame nach Yale und von Yale an die Harvard University, und mein Vater sagte: »Henri, du machst das richtig gut.«

> Unsere Vertrautheit kann uns vor Probleme stellen. Diese Geschichten aus der Heiligen Schrift haben wir unser Leben lang gehört. Sie sind uns so oft erklärt worden, dass unser Geist sich neuen Bedeutungen möglicherweise verschließt.
> *Parker J. Palmer*[6]

Meine Mutter dagegen fragte: »Ja, aber wie geht es deiner Verbindung zu Jesus?«

Auf diesem ganzen Weg trug ich den Schmerz der Einsamkeit und ein nagendes Bedürfnis nach Zuneigung in mir. So gern ich an den Universitäten lehrte, sehnte ich mich immer nach Nähe in meinem Leben. Ein Stück weit fand ich diese besondere Liebe in der Beziehung zu meiner Mutter. Sie liebte mich auf eine ganz spezielle Weise, folgte jeder meiner Bewegungen, schrieb mir Briefe und drückte darin ihre Liebe aus, die greifbar, umfassend und nah an der Bedingungslosigkeit war. Als sie 1978 starb, während ich in Yale unterrichtete, reichte die Trauer um sie an einen Ort ganz tief in mir. Ihre Liebe hatte mir immer Sicherheit geschenkt, und jetzt war sie nicht mehr da. Ihr Tod war ein doppelter Verlust für mich: Ich verlor sowohl sie als Person als auch mein gesamtes Gefühl von Heimat. Ihre Abwesenheit stürzte mich in eine Abwärtsspirale, sodass meine letzten Jahre als Universitätslehrer in Harvard in den frühen Achtzigerjahren wohl die unglücklichsten in meinem Leben waren. Dort begann ein wichtiger Abschnitt meines Weges, der mich aus der Einsamkeit zur Arche-Gemeinschaft brachte.

> Nur ist das nicht so einfach, so eine »stille Stunde«. Das will gelernt sein. ... Alles Überflüssige muß innerlich beiseite geschoben werden. Zum Schluß bleibt immer viel grundlose Unruhe in dem kleinen Kopf übrig. Es gibt zwar auch bereichernde und befreiende Gefühle und Gedanken, aber immer von überflüssigem Kram durchsetzt. Der Zweck des Meditierens sollte sein: daß man sich innerlich zu einer großen Ebene ausweitet, ohne all das heimtückische Gestrüpp, das die Aussicht behindert. Daß etwas von »Gott« in einem erwächst, wie auch ... eine Art »Liebe« entsteht ...
> *Etty Hillesum*[7]

Im letzten Jahr bin ich auf einen weiteren, noch schwierigeren Weg geschickt worden: von der Arche in die zweite Einsamkeit. Und das Gleichnis vom Barmherzigen Vater hat mich auf dem ganzen Weg zu einer groß angelegten Heimkehr begleitet. Jetzt will ich ganz einfach mit Ihnen in diese Geschichte hineingehen, sie Ihnen als Eingang zu einer neuen Wegstrecke vorstellen, auf der Sie etwas Kostbares für sich in Ihrem Leben zurückerobern können.

Diese Geschichte hat das Potenzial, zu ihrer intimsten Geschichte zu werden. Sie hält einzigartige Einsichten für Sie bereit, an diesem speziellen Punkt in Ihrem Leben. Ich biete Ihnen meine eigene Geschichte nur an, um Ihnen Mut zu machen, *Ihre* eigene Geschichte in Anspruch zu nehmen, Ihre Geschichte mit Dem, der Sie erschaffen hat.* Sowohl Ihr Herz als auch Ihr Verstand sind aufgerufen, daran mitzuwirken, sowohl Ihre Lebenserfahrung als auch Ihr Glaube, wenn Sie sich nach innen wenden, jener einzigartigen »Gegenwart« entgegen, die Ihnen Sicherheit, Heilung, Vergebung und andere wichtige Gaben anbietet.

Um Sie zu all dem zu befähigen, lade ich Sie ein, in bestimmten Abständen innezuhalten und sich drei alten spirituellen Übungswegen anzuvertrauen: dem Hören, dem Aufschreiben und der Mitteilung. Jede geistliche Übung ist ein möglicher Durchgang für Sie, über meine Geschichte hinauszukommen und noch persönlicher in die Geschichte und das Gemälde einzutreten. Ähnlich wie bei sportlichen Übungen, die den Körper gelenkiger machen, unterstützen geistige Übungen Ihr schwaches Herz darin, das bloße Lesen zu umgehen und anzunehmen, dass der Text auf eine sehr persönliche und besondere Weise zu Ihnen spricht. Geistliche Übungen gestatten es Ihnen, die Worte vom Verstand ins Herz sinken

---

* Henri Nouwen gebraucht in den vorliegenden Texten für Gott oft Umschreibungen wie »the One who created you«, im Deutschen wiedergegeben durch Großschreibung: »Der/Dem/Dessen, der dich geschaffen hat«. Was im Deutschen dabei sprachlich nicht gleichermaßen deutlich wird, ist die geschlechterinklusive Form dieser Umschreibungen im Englischen. [*Anm. d. Red.*]

zu lassen, sich von ihnen ergreifen und in sich leben zu lassen. Sie bringen Sie vom Erlernen geistlicher »Richtigkeiten« zur Begegnung mit dem lebendigen Geist der Liebe. Regelmäßige geistliche Übungen beleben Sie für Ihre Reise zur Lauterkeit, für Ihren Heimweg.

Die folgende Geschichte aus dem Lukasevangelium (15,11–32) bildet den gesamten Hintergrund meiner eigenen Geschichte. Suchen Sie sich einen ruhigen, bequemen Platz, legen Sie Ihr Vorverständnis ab und begeben Sie sich voller Vertrauen ins Abenteuer eines geistlichen Übungswegs. Lesen Sie langsam. Trinken Sie die Geschichte. Lassen Sie sie in Ihre Knochen einsickern. Gestatten Sie ihr, frei von Ihrem Verstand zu Ihrem Herzen zu strömen.

Jesus sagte: Ein Mann hatte zwei Söhne. Der jüngere von ihnen sagte zum Vater: Vater, gib mir den Anteil des Vermögens, der mir zukommt. Da teilte er den Besitz unter sie auf. Wenige Tage darauf packte der jüngere Sohn alles zusammen, zog fort in ein fernes Land und vergeudete dort sein Vermögen durch ein verschwenderisches Leben. Nachdem er alles durchgebracht hatte, kam eine schwere Hungersnot über das Land und er fing an, Mangel zu leiden. Da ging er zu einem Bürger jenes Landes und drängte sich ihm auf; der schickte ihn auf seine Felder zum Schweinehüten. Gerne hätte er sich den Magen mit den Schoten gefüllt, die die Schweine fraßen, aber niemand gab sie ihm. Da ging er in sich und sagte: Wie viele Taglöhner meines Vaters haben Brot im Überfluss, ich aber komme hier vor Hunger um. Ich will mich aufmachen und zu meinem Vater gehen und zu ihm sagen: Vater, ich habe gesündigt gegen den Himmel und vor dir. Ich bin nicht mehr wert, dein Sohn zu heißen; halte mich wie einen von deinen Taglöhnern. Dann machte er sich auf und ging zu seinem Vater. Sein Vater sah ihn schon von Weitem kommen, wurde von Mitleid bewegt, lief herbei, fiel ihm um den Hals und küsste ihn. Da sagte der Sohn zu ihm: Vater, ich habe gegen den Himmel und gegen dich gesündigt; ich bin nicht mehr wert, dein Sohn zu heißen. Der Vater aber sagte zu seinen Knechten: Holt schnell das beste Kleid heraus und zieht es ihm an und gebt ihm einen Ring an die Hand und Schuhe an die Füße! Holt das Mastkalb und schlachtet es! Wir wollen essen und fröhlich sein; denn dieser mein Sohn war tot und lebt wieder; er war verloren und ist wieder gefunden worden. Und sie begannen, ein Freudenfest zu feiern.

Sein älterer Sohn aber war auf dem Feld. Als er kam und sich dem Haus näherte, hörte er Musik und Tanz. Da rief er einen der Knechte herbei und fragte, was das sei. Der aber sagte ihm: Dein Bruder ist gekommen und dein Vater hat das Mastkalb geschlachtet, weil er ihn gesund wiedererhalten hat. Da wurde er zornig und wollte nicht hineingehen. Doch sein Vater kam heraus und redete ihm zu. Er aber gab dem Vater zur Antwort: So viele Jahre diene ich dir und habe nie dein Gebot übertreten; mir aber hast du nie (auch nur) einen Bock gegeben, damit ich mit meinen Freunden feiern konnte. Jetzt aber, als dieser dein Sohn gekommen ist, der dein Vermögen mit Dirnen verprasst hat, hast du ihm das Mastkalb geschlachtet. Er aber sagte zu ihm: Sohn, du bist allezeit bei mir und alles, was mein ist, ist dein. Feiern aber und uns freuen müssen wir; denn dein Bruder war tot und lebt wieder, er war verloren und ist wiedergefunden worden.

Nehmen Sie das Gelesene als heiligen Schatz an, als Geschenk eines fruchtbaren Feldes von soeben eingesäten winzigen Samenkörnern, die gepflegt und gewässert werden müssen, damit Sie in Ihnen wachsen und Frucht tragen. Gehen Sie in Stille weiter.

Hören

Sie haben jetzt viele Worte gelesen. Versuchen Sie, sich davon nicht überwältigen zu lassen, sondern konzentrieren Sie sich auf das eine Detail in der Geschichte, das Sie mehr berührt als der Rest. Wer spricht diese Botschaft aus? Warum glauben Sie, dass sie wichtig für Sie ist? Achten Sie genau auf die Bewegungen in Ihrem Herzen.

Aufschreiben

Ganz und gar achtsam auf Ihre Gefühle, schauen Sie sich jetzt Rembrandts meisterhafte Darstellung des Gleichnisses auf dem Umschlag Ihres Buches an.* Achten Sie darauf, wie das Licht auf die Szene fällt. Schreiben Sie alle Ihre Beobachtungen über das Licht auf. Verweilen Sie dabei, und schreiben Sie auf, was Sie beim Hören wahrgenommen haben und was das Licht auf dem

---

* Außer auf dem Einband finden Sie die Abbildung in dieser Ausgabe auch auf einem ausfaltbaren Blatt.

Gemälde zu Ihnen sagt. Achten Sie besonders auf die Schatten und die Dunkelheit und schreiben Sie über ihren Konstrast zum Licht. Suchen Sie sich Worte, die Ihre Gedanken und Gefühle zu Licht, Dunkelheit und Schatten in Ihrem eigenen Leben zum Ausdruck bringen.

Sich-Verbinden

Die Übung endet nicht an der Spitze Ihres Stiftes, also legen Sie ihn irgendwann hin und gestatten Sie sich einen weiteren Schritt. Stellen Sie sich vor, Sie stehen vor Dem, der Sie noch mehr liebt als eine Tochter oder einen Sohn, und sprechen Sie furchtlos Ihre Gedanken und Gefühle aus. Legen Sie sie dar, wie Sie es mit einem vertrauten, geschätzten Freund tun würden. Versuchen Sie Ihre Gefühle und Ihren Glauben genau zu benennen, im Hinblick auf Licht, Dunkelheit und Schatten, denen Sie begegnet sind. Das kann wehtun, aber entschließen Sie sich trotzdem zu vollkommener Ehrlichkeit und vertrauen Sie darauf, dass alles, was Sie zum Ausdruck bringen, ohne Urteil und mit liebevollem Mitgefühl angehört wird. Bleiben Sie still und gegenwärtig in diesem Augenblick.
    Ein Gespräch von Herz zu Herz.

ERSTER TEIL

Von zu Hause weggehen und zurückkehren

1
Von der Einsamkeit zur Arche

Als ich in Harvard vor Hunderten von Menschen aus der ganzen Welt Vorlesungen über Jesus hielt, ging es mir schlecht. Damals kam ich unbewusst mit jener starken Stimme aus meiner Kindheit in Berührung, die zu mir über den schlichten Weg Jesu sprach. Ich begann mir die Frage zu stellen, ob meine Verkündigung des Evangeliums nicht der beste Weg war, um in meinem eigenen Leben den Geist und die Verbindung zum Göttlichen zu verlieren. Harvard ist eine sehr ehrgeizige Einrichtung; diese Universität interessiert sich für die Besten und Klügsten, für Kraft, Strebsamkeit, politischen Einfluss und wirtschaftlichen Erfolg. Dort über Jesus zu sprechen war nicht leicht, und ich fühlte mich unter Druck, das Denken der Universität zu übernehmen, mich dem Wettbewerb zu stellen und es als Professor in dieser Umgebung zu »schaffen«. Als mich der Tod meiner Mutter von der liebevollen Beziehung zu ihr abtrennte, fühlte ich mich außerdem sehr allein, gleichgültig im

> Das Leiden ist ein schrecklicher Lehrer, aber oft bringt es das Beste in uns zum Vorschein. Leiden und Kreativität sind häufig eng miteinander verbunden. Schmerz versetzt uns in eine furchtbare Spannung, die sich in einer kreativen Reaktion entlädt. Leiden kann wie das Sandkorn in einer Auster sein und eine wunderbare Perle hervorbringen.
> *Mutter Tessa Bielecki*

Gebet, unfähig zu einer Reaktion auf Menschen, die meine Freunde werden wollten, und ohne Gemeinschaft. Ich wusste, ich musste etwas tun, aber ich war gleichzeitig verzweifelt, weil ich nicht wusste, was ich tun sollte. So begann ich damit, Jesus im Gebet um einen Ausweg aus meinem Schmerz zu bitten.

Eines Morgens klopfte es an die Tür zu meiner kleinen Wohnung. Eine kleine Frau stand vor mir und lächelte mich an. »Hallo«, sagte ich. »Was machen Sie denn hier so früh am Morgen?«

»Nun«, erwiderte sie, »mein Name ist Jan Risse.«

»Und was kann ich für Sie tun?«

»Ich soll Ihnen Grüße von Jean Vanier ausrichten.«

Jean Vanier kannte ich nur dem Namen nach. Ich bewunderte seine Arche-Gemeinschaften, die Menschen mit Behinderungen aufnahmen, und hatte ihn sogar in einem meiner Bücher erwähnt. Aber persönlich kennengelernt hatte ich ihn nie. So wiederholte ich meine Frage an Jan Risse: »Und was kann ich für Sie tun?«

Sie lächelte immer noch und erwiderte noch einmal: »Ich soll Ihnen Grüße von Jean Vanier ausrichten.«

> Was auch immer in meinem Leben geschieht: Ich muss daran glauben, dass irgendwo in all dem Durcheinander und der Verrücktheit ein heiliges Potenzial schlummert. Eine Möglichkeit wunderbarer Erlösung in der Umarmung von allem, was ist.
> *Edwina Gateley*[8]

»Vielen Dank, ich weiß das wirklich zu schätzen. Aber weshalb sind Sie nun wirklich gekommen?«, fragte ich nach.

»Ich bin nur gekommen, um Grüße von Jean Vanier auszurichten.«

Da ich einen geschäftigen Tag vor mir hatte und hoffte, um den üblichen Smalltalk herumzukommen, fragte ich sie: »Soll ich irgendwo einen Vortrag halten, ein Seminar oder eine Rede? Was kann ich für Sie tun?« Sie sah mich an und schlug vor, ich könnte Sie vielleicht hereinlassen. Ich trat einen Schritt zur Seite und sagte: »Sie können gern reinkommen, aber ich habe bald Unterricht und dann eine Sitzung. Ich bin den ganzen Tag bis zum Abend beschäftigt.«

> Stück für Stück lässt eine Berufung den Ausdruck unserer gesündesten Instinkte zu, unserer edelsten Sehnsüchte. ... In kleinen und großen Dingen hören wir auf den unwiderstehlichen Ruf unserer Seele.
> *Marsha Sinetar*[9]

In meinem Wohnzimmer angekommen, drehte sie sich zu mir um und sagte: »Okay, kein Problem. Gehen Sie nur, ich finde mich hier schon zurecht, bis Sie wiederkommen.« Und so blieb sie, während ich für den größten Teil des Tages die Wohnung verließ. Als ich am frühen Abend zurückkam, starrte ich mein Zimmer an. Der Tisch war festlich und mit einem weißen Tischtuch gedeckt, mit Kerzen, einer Flasche Wein, gutem Porzellan und einem Blumenstrauß in der Mitte. Erstaunt rief ich aus: »Was ist das denn?«

»Oh, ich dachte, wir könnten zusammen zu Abend essen«, sagte sie lässig.

»Aber wo haben Sie all die schönen Sachen her?«, fragte ich.

»Aus Ihrem Schrank«, antwortete sie und deutete auf das Büffet. »Sie schauen sich offenbar nicht sehr viel in Ihrem eigenen Haushalt um.« Sie hatte dieses wunder-

1 Von der Einsamkeit zur Arche

bare Abendessen für uns zwei vorbereitet, mit Kerzen und Wein – alles aus meinem eigenen Haus!

Ich besorgte ihr ein Zimmer auf dem Universitätsgelände und sie blieb drei Tage lang. Wir besuchten uns ein paar Mal gegenseitig, sie kam auch mal in meinen Unterricht, und dann reiste sie wieder ab. Ihre letzten Worte an mich lauteten: »Denken Sie an die Grüße von Jean Vanier.«

Ich saß in meinem Sessel und sagte zu mir: »Da passiert etwas. Dieser Besuch war kein Zufall.« Aber viele, viele Monate lang geschah nichts, bis irgendwann das Telefon klingelte und Jean Vanier am anderen Ende der Leitung war. »Henri«, sagte er, »ich bin gerade zu einem Seminar in Chicago und dachte an Sie. Sehen Sie irgendeine Möglichkeit, hierherzukommen und teilzunehmen?«

Hastig antwortete ich: »Jean, ich habe in diesem Jahr schon eine ganze Reihe von Seminaren gehalten.«

Jean erwiderte: »Ich will nicht, dass Sie hier ein Seminar halten. Ich bin hier bei einem Seminar mit Arche-Leuten aus der ganzen Welt und dachte bloß, Sie würden vielleicht gern hier bei uns sein und mit uns beten. Wir schweigen ohnehin, Sie brauchen sich also keine Sorgen zu machen, dass Sie mit vielen Leuten reden müssen. Sie und ich könnten einander sehen, und Sie könnten sich ein bisschen ausruhen.«

Das unmittelbare Gefühl, dass hier etwas Wichtiges geschah, veranlasste mich dazu, alles liegen zu lassen und für ein paar Tage nach Chicago zu reisen. Niemand sprach, aber mehr als fünfzig Leute waren dort beieinander: in Versammlungen, bei gemeinsamen Mahlzeiten und Gottesdiensten. Abgesehen von einem täglichen Besuch bei Jean, mit dem ich über meine Ängste in Harvard sprach, genoss ich einfach eine stille Zeit mit Arche-Leuten aus der ganzen Welt. Als es Zeit zum Abreisen war, fühlte ich mich gleichzeitig erholt und herausgefordert von einer Bemerkung, die Jean Vanier beiläufig zu mir gemacht hatte: »Vielleicht könnten unsere Leute [also die Menschen mit Behinderungen, die in den Arche-Gemeinschaften zusammenleben] Ihnen ein Zuhause anbieten.«

Dieser eine Satz brachte eine Saite in mir zum Klingen und hörte sich an wie ein prophetischer Ruf, und so besuchte ich Jean in seiner Arche-Gemeinschaft nördlich von Paris, als ich das nächste Mal nach Europa kam. In der Gesellschaft mit den Behinderten fühlte ich mich wohl, und ganz allgemein war dieser Aufenthalt eine Erfahrung von Frieden, Erholung und Sicherheit in der Gemeinschaft. Ich wusste, Harvard war nicht das Richtige für mich, und so kündigte ich zum Ende des Jahres und nahm eine Auszeit zum Schreiben in Jeans Gemeinschaft in Trosly.

> Heilung beginnt, wenn wir angesichts unserer eigenen Finsternis unsere Hilflosigkeit erkennen und unsere Kontrollsucht aufgeben. ... Wir stellen uns dem, was ist, und bitten um Gnade.
> *Barbara Fiand*[10]

Während meines Aufenthalts dort lud mich die Arche-Gemeinschaft Daybreak in Toronto ein, drei Jahre lang als ihr Pastor bei ihnen zu leben, und ich nahm diese Einladung an.

Im nächsten Jahr fand ich ein wunderbares Zuhause in Daybreak, und damit war der erste Teil meiner Reise von der Einsamkeit zur Arche beendet. Zu meiner Überraschung lag jedoch noch ein Weg vor mir. Ein langer Weg.

In meiner Vorbereitung auf das Leben in der Gemeinschaft war das meistbenutzte Wort »Zuhause«. Die Arche ist ein Zuhause. Jean hatte zu mir gesagt: »Vielleicht könnten unsere Leute Ihnen ein Zuhause anbieten.« Daybreak sagte: »Unsere Gemeinschaft hätte Sie gern als Pastor, und wir glauben, wir könnten Ihnen ein Zuhause anbieten.« Da ich immer allein gelebt hatte und zu dieser Zeit so viel innere Einsamkeit in mir spürte, rührte das Wort »Zuhause« mein Herz. In der wettbewerbsorientierten Welt der Universität kam das Wort »Zuhause« nicht vor. Worte wie »Institution«, »Erfolg«, »finanzieller Nutzen« und »Macht« löschen alle Vorstellungen von »Gemeinschaft«, »Nähe« und »Zusammensein« aus.

Weil ich mich nach Zugehörigkeit und einem Zuhause sehnte, kam ich voll neuer Hoffnung auf Erfüllung in die Arche-Gemeinschaft. Während der ersten drei Jahre dort war es allerdings ein Schock, allmählich zu erkennen, dass »Zuhause« etwas anderes bedeuten konnte als das, was mein Herz begehrte und mein Leib ersehnte. Ich hatte mit der Illusion gelebt, »Zuhause« würde die reine Erfahrung von Wärme, Nähe und Zuneigung bedeuten, und am Anfang fühlte es sich auch so an. Aber je länger ich in Daybreak lebte, desto klarer wurde mir, dass ich dieses Zuhause vielleicht aufgeben müsste, um es zu finden. Im Leben mit behinderten Menschen und ih-

> Wir wissen, dass in jedem von uns zu jeder Zeit eine enorme Kraft wohnt, die es uns möglich macht, die grenzenlose Liebe und tiefe Freude zu erleben, die unser potenzielles Erbe ist.
> *John McQuiston II*[11]

ren Helfern in Daybreak spürte ich, dass der Herr mich zu etwas einlud, was ich ganz sicher noch nicht leben konnte.

Je länger ich in der Daybreak-Gemeinschaft lebte, desto häufiger kamen die alten Dämonen rund um meine Sehnsucht nach Zuneigung wieder zu Besuch, und ich empfand es als schwierig, Liebe frei zu geben, ohne egoistisch und fordernd zu werden. Ich spürte, wie ich in einen dunklen Tunnel geriet, der mich in eine zweite Einsamkeit führte, die keine Ähnlichkeit mit irgendetwas bereits Erlebtem hatte. Ich habe nicht viele Worte, um zu beschreiben, was mir da widerfuhr, aber die Geschichte vom Verlorenen Sohn wird mir helfen, das Geschenk für Sie auszupacken und Ihnen die spirituelle Bedeutung dieser meiner Reise zu erklären.

> Gib deine Einsamkeit nicht so schnell auf.
> Lass sie tiefer schneiden.
> Lass sie dich durchdringen und würzen,
> wie es menschlichen oder selbst göttlichen Beigaben kaum möglich ist.
> Was heute Abend meinem Herzen fehlt
> macht meine Augen weich,
> meine Stimme sanft,
> meine Bedürftigkeit nach Gott absolut klar.
> *Shams al-Din Hafiz*

Als ich die Geschichte las und das Gemälde genauer betrachtete, kam ich zu der Erkenntnis, dass in mir ein jüngeres Kind ist, das Bekehrung nötig hat, und ein älterer Bruder, der ebenso bekehrt werden muss. Aber was das Wichtigste war: Ich erkannte, dass es einen Vater, ein Elternteil gibt, das in mir zuerst enthüllt und dann in Anspruch genommen werden muss, damit *ich* das jüngere und das ältere Kind in mir empfangen kann, die sich beide, wie ich, danach sehnen, nach Hause zu kommen. Nach dieser Erfahrung mit dem Gleichnis bin ich zuversichtlich, dass der Tag kommt, an dem wir alle an dem Fest teilnehmen – nicht nur um die Heimkehr der vielen jüngeren Ausreißer zu feiern, sondern auch aus Anlass der Rückkehr der älteren Töchter und Söhne ins Haus ihrer wahren Identität, als Geschwister und Eltern. Und wir werden um einen Tisch sitzen, gemeinsam mit dem Vater-Mutter-Gott. Das Wort »Zuhause« hat mich mehr als alles andere gerufen, auf meinem Weg weiterzugehen und mein Leben mit anderen Menschen in der Arche zu teilen.

Auf meiner Reise von der Einsamkeit zur Arche wurde ich also endlich aufmerksam auf mein Leben und die inneren und äußeren »Geschehnisse und Ereignisse«, die mir Veränderungen aufzeigten. Auf »Zeichen« zu achten ist eine Weisheitspraxis, die von unseren weisen und heiligen Vorfahren durch die Generationen an uns weitergegeben worden ist.

Hören

Diese Übungen vollziehen sich im heiligen Kontext Ihres Lebens. Sie sind eingeladen, mit Herz und Verstand zu lauschen.

Suchen Sie sich einen ruhigen Platz und machen Sie es sich bequem. Schauen Sie sich Rembrandts Gemälde an und treten Sie behutsam in die Szene ein, als unsichtbarer Gast. Stellen Sie sich in dem Raum an die Stelle, an der Sie sich als Zuschauer am wohlsten fühlen. Schließen Sie die Augen und nehmen Sie die Geräusche im Raum wahr. Welche Geräusche hören Sie? Was für Stimmen hören Sie? Nehmen Sie sich Zeit, in die Szene hineinzulauschen – von innen her.

Aufschreiben

Ohne aus dem Gemälde herauszutreten, schlagen Sie Ihr Tagebuch auf und schreiben Sie auf, was Sie sehen und hören. Nehmen Sie sich Zeit. Dann konzentrieren Sie sich und nehmen Sie die Gefühle wahr, die Ihre Anwesenheit dort in Ihnen wachgerufen hat. Schreiben Sie auf, was die einzelnen Personen und ihre Worte in Ihnen auslösen. Schreiben Sie auf, was Sie fühlen und wie Ihr Herz darauf reagiert.

Sich-Verbinden

Gehen Sie an Ihren Lieblingsplatz in Ihrem Herzen, wo niemand außer Gott und Ihnen Zutritt hat. Sprechen Sie mit Dem, der Sie erschaffen hat und immer bei Ihnen ist, bis ans Ende der Zeit. Erzählen Sie ihm von Ihrer Erfahrung als Mitwirkender in dem Gleichnis. Halten Sie inne und lauschen Sie auf die stille, kaum wahrnehmbare Stimme der Liebe. Sprechen Sie weiter, warten Sie und lauschen Sie wieder. Verweilen Sie da. Halten Sie aus. Ruhen Sie sich aus.
  Ein Gespräch von Herz zu Herz.

*Eine Weisheitsübung für Menschen
auf der spirituellen Reise*

Übung 1: Auf »Zeichen« achten

Als er die Schweine fütterte und der Verzweiflung nahe war, wusste der Verlorene Sohn, dass er sein Leben ändern *musste*. Eine gewisse Hoffnung keimte in ihm auf, als er darüber nachdachte, nach Hause zu gehen, aber sie wurde bald von Scham, Furcht und der absoluten Unmöglichkeit eines so einfachen Schritts überdeckt. Er hatte allerdings keine anderen Möglichkeiten, und so blieb die Anziehungskraft des Gedankens an »Zuhause« bestehen. Weil er darauf achtete, war er eines Tages dazu fähig, sich mit unsicherem Vertrauen umzudrehen und seine Heimreise anzutreten.

In den letzten Jahren in Harvard wusste ich auch, dass das Unterrichten an der Universität mein sicherer Tod war. Ich betete, suchte Rat und versuchte, auf innere Bewegungen zu achten, die mir einen Hinweis auf den nächsten Schritt gaben. Die Verbindung zuerst mit Jan Risse und dann mit Jean Vanier bewegte mein Herz, und ich wusste, dass wir uns nicht zufällig getroffen hatten. Ich lauschte. Obwohl mich die ursprüngliche Idee, in die Arche-Gemeinschaft zu ziehen, begeisterte, verließ ich die Universität doch mit Zögern, Angst und unsicherem Vertrauen. Ich unternahm erste tastende Schritte ins Unmögliche.

Um echt zu leben, müssen wir alle uns unseres Inneren bewusst sein. Wir müssen uns bewusst werden, ob wir uns zufrieden, sicher und am richtigen Ort fühlen oder einsam, enttäuscht und leicht niedergeschlagen. Was tun wir, wenn unser Inneres in Aufruhr gerät? Weise Lehrer raten uns, solche Augenblicke sehr aufmerksam zu betrachten, offen für »Zeichen« zu sein, für Gefühle, Bemerkungen, Zeilen in einem Buch, unerwartete Zusammentreffen und Ereignisse, die uns dazu bewegen könnten, eine neue Richtung einzuschlagen, unser Gleichgewicht wiederzufinden, ganz und gar lebendig zu bleiben. Geistliche Zeichen haben normalerweise vier Eigenschaften: Sie sind einfach und nicht kompliziert, hartnäckig, scheinbar unmöglich, und es geht immer ebenso um andere wie um uns selbst. Seien Sie aufmerksam, wenn Sie so etwas auf Ihrem Weg erleben. Versuchen Sie, Gelegenheiten genauso zu erkennen wie Schwierigkeiten. Versuchen Sie, nicht zu schnell zu reagieren. Beten Sie um Weisheit. Suchen Sie Rat und vermeiden Sie, zu handeln, bevor Sie eine äußere Bestätigung Ihrer Richtung erhalten. Nehmen Sie sich Zeit, an Ihre freie Wahl zu glauben, bevor Sie eine neue Richtung einschlagen.

2
Der jüngere Sohn

Ich bin Niederländer. Rembrandt ist ebenfalls Niederländer, genau wie van Gogh. Diese niederländischen Maler stehen meinem Herzen sehr nahe, deshalb denke ich an sie, während ich zu Ihnen spreche. Sie sind mir ein Trost, und wenn ich nichts anderes zu sagen habe, wenn ich nur noch weinen kann über das, was sich in meinem Leben ereignet, dann richte ich meinen Blick auf Rembrandt und van Gogh. Ihre Lebensgeschichten und ihre Kunst heilen und trösten mich mehr als irgendetwas anderes.

Rembrandt hat das Bild vom Verlorenen Sohn zwischen 1665 und 1667 gemalt, am Ende seines Lebens. Als junger Maler war er in Amsterdam populär und erfolgreich; er bekam Porträtaufträge von allen wichtigen Leuten seiner Zeit. Er galt als arrogant und streitsüchtig, aber er hatte auch Zugang zu den schwerreichen Kreisen der Gesellschaft. Aber dann verfiel sein Leben allmählich:

Zuerst verlor er einen Sohn,
dann die älteste Tochter,
dann die zweite Tochter,
dann verlor er seine Frau.

Die Frau, mit der er danach zusammenlebte, endete in einer psychiatrischen Klinik.

Er heiratete wieder, und die Frau starb.

Dann verlor er sein gesamtes Geld und seinen Ruhm, und kurz vor seinem Tod starb auch noch sein Sohn Titus.

Der Mann, der dieses Bild malte, hatte in seinem Leben ungeheure Einsamkeit erfahren. Im Erleben seiner überwältigenden Verluste und im Sterben vieler persönlicher Tode hätte er ein ausgesprochen bitterer, zorniger, von Groll erfüllter Mensch werden können. Stattdessen war er am Ende in der Lage, eines der intimsten Bilder aller Zeiten zu malen: »Die Rückkehr des Verlorenen Sohnes«. Solange er noch jung und erfolgreich war, hätte er dieses Bild nicht malen können. Nein, er konnte die Barmherzigkeit eines blinden Vaters erst malen, als er alles verloren hatte: alle seine Kinder bis auf eines, zwei Ehefrauen, sein gesamtes Geld, seinen guten Namen und seine Popularität. Erst danach war er in der Lage, dieses Bild zu malen, und sein Malen geschah von einem Ort in ihm selbst aus, an dem er wusste, was Gottes Barmherzigkeit war. Irgendwie hatten ihn all seine Verluste und sein Leiden leer genug gemacht, um die Barmherzigkeit Gottes in ihrer ganzen Fülle

> Als Künstler müssen wir lernen, uns trotz zahlreicher Verluste – dem Verlust des Gesichts, der Hoffnungen, des Glaubens an uns selbst und finanzieller Verluste – nicht aus der Bahn werfen zu lassen und weiterzuleben. ... Künstlerische Verluste können in künstlerische Gewinne und Stärken umgewandelt werden – aber nicht, wenn wir uns abschotten, ins Grübeln geraten und uns den Kopf darüber zerbrechen, wie es weitergehen soll. ... Wir [müssen] Verluste und Niederlagen anerkennen und mitteilen ...
> *Julia Cameron*[12]

und Tiefe zu empfangen. Als Vincent van Gogh das Bild sah, sagte er: »So ein Bild kann man nur malen, wenn man viele Tode gestorben ist.« Rembrandt konnte es nur tun, weil er so viele Tode gestorben war, dass er am Ende wusste, was die Rückkehr zur Barmherzigkeit Gottes wirklich bedeutete.

> Alles Leben ist Beginnen. Ich brauche eine offene, spontane, freudige Haltung, die weiß, dass sie nichts weiß. Ich brauche eine Leere in mir ... Ich muss den Ort in meiner Seele finden, der noch leer ist, der sich noch überraschen lässt, der noch staunen kann.
> *Christin Lore Weber*[13]

Ein Blick auf Rembrandts Leben macht uns zu Zeugen seiner persönlichen und künstlerischen Verwandlung. Wenn es uns berührt, wird es wichtig, dass wir unsere eigene Geschichte bedenken und unser eigenes Leben sehr ernst nehmen.

Ich begriff, wie wichtig das Gemälde von Rembrandt für mich war, als mich kurz vor meinem Einstieg als Seelsorger bei der Arche-Gemeinschaft in Daybreak im Jahr 1986 ein Freund bei mir anrief und sagte: »Ich fahre nach Russland, willst du mitkommen?« Meine unmittelbare Reaktion war: »Ist das nicht erstaunlich? Ich werde Rembrandts Gemälde im Winterpalais von Peter dem Großen sehen.« Da war nicht von Moskau oder dem Kreml die Rede, und ich muss beschämt zugeben, dass ich auch nicht an das russische Volk dachte, an russische Kultur oder die Ikonen. Ich dachte an Rembrandt, weil ich wusste, sein Bild hing in der Eremitage in Leningrad (heute Sankt Petersburg), und ich wollte es im Original sehen.

Nach unserer Ankunft in Russland kam ich nach einiger Mühe in Kontakt mit dem Restaurator im Eremitage-

Museum. Ich sagte ihm: »Ich will das Bild sehen, mehr nicht. Ich will nicht in einer langen Schlange von Menschen daran vorbeiziehen, sondern ich will davor sitzen, solange ich will. Das ist das Einzige, was ich mir wünsche.« Freundlicherweise brachte er mich sofort zu dem Bild, das mehr als zwei Meter hoch eine ganze Wand des Museums einnahm, und stellte mich direkt davor. Ich saß in einem der drei samtbezogenen Sessel vor dem Bild und schaute es nach Herzenslust an. Ich studierte es sorgfältig und begann, mir Notizen zu machen, während Massen von Menschen kamen, einen Augenblick stehen blieben und dann weitergingen.

> Die Natur des Menschen leistet der Gnade Widerstand, weil uns die Gnade verändert und Veränderung schmerzhaft ist.
> Flannery O'Connor[14]

Gegen zwei Uhr am Nachmittag, als das Sonnenlicht sich auf dem Bild spiegelte, nahm ich meinen Sessel und verschob ihn in eine andere Position. Bevor ich mich hinsetzen konnte, kam der Museumswärter auf mich zu und sagte im Kommando-Ton auf Russisch etwas wie: »Dieser Stuhl steht hier!« Dann hob er ihn hoch und stellte ihn wieder an den ursprünglichen Ort. Ich versuchte, mit ihm zu sprechen, bewegte meine Lippen überdeutlich und zeigte auf das Fenster. »Aber ich sehe nichts. Können Sie die Spiegelung nicht sehen? Ich *muss* da sitzen!« Aber er schüttelte den Kopf und sagte noch einmal: »Nein, der Stuhl steht hier.« Endlich sagte ich mir verzweifelt, ach, vergiss es, und setzte mich auf den Boden. Aber das war für den Wärter wohl noch eine größere Sünde als die Sache mit dem Stuhl. Also kam er wieder angerannt, blickte auf mich hinunter, wie ich da auf dem Boden saß, und sagte: »Sie können nicht auf dem Boden sitzen!« Dann zeigte er mit dem Finger auf die Heizung: »Setzen Sie sich dahin.« Ich stand auf und ließ mich auf dem unbequemen Heizkörper nieder.

Bald kam die nächste große Besuchergruppe, und als die Reiseleiterin mich da hocken sah, starrte sie mich entsetzt an und eilte auf mich zu: »Sie dürfen nicht auf der Heizung sitzen!« Aber da kam der Wärter wieder angelaufen und erklärte ihr in entschiedenem Ton: »Ich habe ihm erlaubt, auf der Heizung zu sitzen!« Zum Glück kam Alexi, der Restaurator, während dieses Streits wieder vorbei, um nach mir zu sehen. Er erkannte meine Verwirrung und mischte sich in das Gespräch ein, um den Wärter und die Reiseleiterin zu beruhigen. Dann ging er weg, ohne noch ein Wort zu mir zu sagen, gefolgt von der Reiseleiterin und ihrer Gruppe. Nach etwa zehn Minuten kam Alexi wieder, mit einem samtbezogenen Sessel, den er vor mich hinstellte, und sagte: »Das ist Ihr eigener Sessel. Sie können ihn hinstellen, wo immer Sie wollen.«

> ... ein echtes Paradox: ... Wir Menschen sind von zwei gegenläufigen Antrieben beherrscht: dem Antrieb dazuzugehören, dazu zu passen und Teil von etwas Größerem als nur wir selbst zu sein, und vom Antrieb, unser tiefstes Selbst ans Licht kommen zu lassen, selbstständig zu gehen, uns nicht nur auf das allgemein Anerkannte und Bequeme zu beschränken, was zumindest zeitweise auch bedeuten kann, dass man manche Angst in Kauf nimmt. In der Gruppe entdecken wir, was wir alle gemeinsam haben. Als Einzelne entdecken wir unsere ganz persönliche Beziehung zu Gott. Daher gilt es, einen Weg zu finden, der ausgewogen unseren beiden gegenläufigen Impulsen gerecht wird.
> *Jean Vanier*[15]

Drei Tage lang saß ich vor dem Bild, jeweils zwei bis drei Stunden pro Tag, dachte nach, studierte es, überlegte und machte mir Notizen. Je mehr ich schaute, desto mehr wurde ich zu einem Teil der Geschichte, und ich begann Verbindungslinien zwischen dem Gleichnis und meinem eigenen Leben zu ziehen. Ich war mir der Rückkehr zutiefst bewusst: der Rückkehr in den Mutterleib des Schöpfergottes.

Die Lebenskraft, die ich sah, war mehr als ein Vater. Der Göttliche, den ich sah, war auch eine Mutter. In meinem Herzen wusste ich, dass die Aufforderung Jesu, zu werden wie die Kinder, um ins Reich Gottes zu kommen, hier als Rückkehr in den Mutterleib Gottes wiedergegeben war. Ich spürte auch, dass meine ganze Zukunft von meiner Bereitschaft abhängen würde, in den Mutterleib meines Schöpfergottes zurückzukehren und dort mein Zuhause zu finden. Das war mir eine willkommene Bestätigung meiner Entscheidung, den Menschen in Daybreak zu gestatten, mir bei der körperlichen und spirituellen Heimkehr zu helfen.

> Denn ich tue nicht, was ich will, sondern was ich hasse, das tue ich. ... Denn das Gute zu wollen, dazu bin ich bereit, aber nicht, es auszuführen.
> *Römer 7,15–18*

Nach meiner Rückkehr aus Russland begann ich mein Leben als Seelsorger in Daybreak – meinem selbst gewählten Zuhause. Ich hatte mich bewusst entschieden, meinen spirituellen Schwerpunkt im ersten Jahr darauf zu legen, meine Mitte und Heimat in Dem zu finden, der mich erschaffen hat und mich mit unfassbarer Liebe umgibt. Ich begann über mein Leben nachzudenken, mit dem Bild und dem Gleichnis als Kontext.

Obwohl ich das älteste Kind in meiner Familie bin, sehe ich immer noch viel von dem jungen Mann in dem Gemälde in mir. Ein Teil von mir will sich von etwas Gutem losreißen, von zu Hause. Obwohl ich immer ein gutes Zuhause und gute Eltern hatte, bleibt in mir etwas von dem jungen Heranwachsenden, der darauf drängt, sich loszureißen. »Ich will ausbrechen, für mich selbst verbotene Dinge entdecken und keine Stimmen hören, die mir etwas verbieten. Ich will nehmen, was mir gehört, und damit weglaufen.«

Diese Haltung des Heranwachsenden, eigene Antworten finden zu wollen, meine eigenen Probleme zu lösen und meine eigene Wahrheit zu entdecken, ist Teil meiner Natur. Menschen, die mir Antworten geben, bevor ich überhaupt danach suche, irritieren mich. Die Stimmen der Eltern sprechen: »So musst du dich benehmen. So musst du mit anderen Leuten umgehen. So musst du beten. So macht man dies und jenes. Das hier ist die richtige Schule für dich.« Zum Teufel damit!

> Ich lebe in Verwirrung und Verzweiflung inmitten meiner Angst; mein Körper antwortet mit Krankheit auf meine Sturheit, Unwissenheit wirft mich in die Finsternis, und ich wühle überall und suche vergeblich.
> *Nan C. Merrill nach Psalm 38*[16]

Ich will mein Leben ohne Elternstimmen leben.

Ich will Antworten erst hören, wenn ich Fragen stelle.

Ich will erst dann eine Religion haben, wenn ich sie brauche.

Ich will nicht die rechten Wege gewiesen bekommen, bevor ich selbst gelernt habe, wie man etwas falsch macht.

2 Der jüngere Sohn

Ich will keine vorgefertigten Antworten von einem vorgegebenen Ort.

Wie kann etwas wirklich mir gehören, wenn ich es innerlich nicht angenommen habe? Wie kann ich mein Zuhause schätzen, wenn ich gar nicht nach einem Zuhause suche, weil ich keine anderen Möglichkeiten habe als das bisherige Zuhause? Ich höre meine Klage: »Wisst ihr denn nicht, dass mein Leben angefüllt ist mit Fragen? Seht ihr denn nicht, dass ich zu meiner eigenen inneren Wahrheit Ja sagen will? Ich will nichts Vorgefertigtes. Ich will mir ein eigenes Zuhause aufbauen, ich will kein Fertighaus, das jemand gebaut hat, der mich nicht kennt.« Meine psychologische Ausbildung hatte mir ganz genau beigebracht, worum es dabei ging.

> Rabbi Levi sah einen Mann auf der Straße rennen und fragte ihn: »Warum rennst du?« Der Mann erwiderte: »Ich laufe meinen Glück nach.« Da sagte Rabbi Levi: »Du Narr, dein Glück versucht dich einzuholen, aber du läufst zu schnell.«
> *Wayne Muller*[17]

In dieser Phase geht es um die Entdeckung und den Ausdruck des Selbst. Weil wir uns in der Pubertät nur allzu leicht selbst verlieren können, haben die Eltern berechtigte Angst um uns. *Sie* wissen, was richtig ist. Sie wissen, was ich essen sollte, sie wissen, wie ich reden sollte. Sie wissen, wie ich gehen muss, was ich tun und lassen soll. Und sie haben recht. Sie wissen tatsächlich sehr viel, weil sie schon viel länger leben als ich. Ihre Sorge ist also nur natürlich und gut. Gleichzeitig sagt alles in mir: »Vergesst es! Ich will das alles nicht mehr. Es ist mein Leben, nicht euers, lasst mich frei!« Und ich weiß, dass auch meine Gefühle natürlich und gut sind.

Ich komme aus einer sehr traditionellen katholischen Umgebung. Alles bei uns zu Hause war glasklar, es gab keine Zweideutigkeiten. Wir lernten alles, was wichtig war: wie wir mit anderen Menschen umgingen, wie wir Fremden begegneten, wie wir beteten, Gottesdienst feierten und lernten. Ich erinnere mich sehr lebhaft an eine Zeit, in der ich neidisch auf diejenigen war, die keine Religion hatten. Sie konnten tun, was sie wollten, und sie mussten keine Schuldgefühle haben. Ich konnte nur sagen: »Teufel auch, mir hat man schon gesagt, dass ich dies nicht tun und jenes tun soll, dass ich dorthin nicht gehen darf, sondern hierhin gehen soll, dass man sich so benimmt und nicht so.« Und gleichzeitig beobachtete ich Menschen, die sich überhaupt nicht um so etwas kümmerten. Sie taten alles und jedes mit ihrem Geist, mit ihrem Körper, mit anderen Menschen, und sie schienen vollkommen frei zu sein.

> Horch! Mein Geliebter!
> Sieh da, er kommt, springt über die Berge,
> hüpft über die Hügel.
> Mein Geliebter gleicht der Gazelle oder dem jungen Hirsch.
> Sieh da, nun steht er hinter der Wand unseres Hauses.
> Er schaut zu den Fenstern herein,
> er späht durch die Gitter.
> Mein Geliebter spricht zu mir:
> Mach dich auf, meine Freundin, meine Schöne, so komm doch!
> Denn sieh, der Winter ist vorüber, der Regen ist ganz und gar vorbei.
> *Das Hohelied, 2,8–11*

Und ich war neidisch. Ich wollte ein Heide sein, damit ich tun konnte, was ich wollte, ohne Schuldgefühle.

Aber das war keine Lösung für mich. Ich bin meinen Eltern dankbar für meine Erziehung, für ihre Ermutigung, mir gute Freunde zu suchen, für einen gesunden Körper und eine gute, treue Familie. Aber immer wenn ich etwas Falsches tat, kamen die Schuldgefühle! Ich wollte mich nicht schuldig fühlen, aber meine Eltern hatten mich, verdammt noch mal, mit so viel Klarheit zum Thema Gut und Böse erzogen, dass ich ständig in Schwierigkeiten geriet und mich außerdem auch noch schlecht fühlte. Ich erinnere mich noch lebhaft an den inneren Dialog:

> Lehre mich, dass ich meine Schwachheit erkenne, die Fehler, die mich binden.
> Die Lieblosigkeit, die mich trennt, die mich daran hindert, dein Leben in mir zu erkennen.
> Denn ich lebe mit der Furcht und wohne im Haus der Unwissenheit.
> Dabei wurde ich doch in Liebe großgezogen, die Liebe ist mein Geburtsrecht!
> *Nan C. Merrill, nach Psalm 52*[18]

»Also gut, ich will ein Christ werden, aber erst will ich all die verbotenen Dinge tun, damit ich bekehrt werden kann. Also gut, ich bin bereit zu entdecken, dass manche Dinge vielleicht fragwürdig sind, aber ich will das selbst herausfinden. Ich will nicht, dass mir irgendjemand sagt, was gut oder weniger gut ist. Ich will rausgehen, reisen, an anderen Orten leben. Lasst mich mein Ding machen, lasst mich gehen und vertraut darauf, dass ich selbst entdecken kann, was ich wissen muss. Warum musste ich denn seit meiner frühen Kindheit schon leben wie ein kleiner Priester?«

Ich wünschte wirklich, meine Eltern hätten erkannt, wie natürlich dieser Wunsch ist, sich abzunabeln und zu reisen und etwas anderes zu tun als das, was sie für anständig und richtig halten.

Ein Großteil meines pubertären Ausbruchs war von Schuld- und Angstgefühlen begleitet, von dem Drang, so schnell wie möglich wieder in die richtige Spur zu kommen. Ich machte mich so gut ich konnte und voller Glauben auf den Heimweg, aber ich rutschte immer wieder rückwärts. »Ich bin ein geliebtes Kind, ich kehre nach Hause zurück, dorthin, wo ich hingehöre, aber mein Schöpfer wird vermutlich wütend sein und mich nie wieder sehen wollen.« Ich stellte mir vor, dass er mich anschreien würde, weil er mir so viel mitgegeben hatte und ich kein Rechtsanwalt geworden war und keine richtige Arbeit hatte. Ich vermutete, er würde mich rauswerfen und sagen, ich solle nie mehr wiederkommen. Endlich begann ich, meine Rede vorzubereiten: »Ich bin nur dein elendes kleines Kind, und vielleicht kannst du mir ein klein wenig zu essen geben, denn es geht mir wirklich nicht gut.« Ich kehre zu alten Mustern zurück und stelle mir Gottes Reaktion auf mein Gefühl des Versagens vor. Das ist meine wiederholte Erfahrung mit allen Versuchen der Heimkehr.

Vielleicht können Sie, die Sie dieses Buch lesen, sich in meinen unschlüssigen Rückkehrversuchen wiedererkennen. Man glaubt, man habe eine Identität und wisse, wer man ist, aber man weiß es eigentlich nicht, weil man sich so unsicher fühlt. Vielleicht suchen auch Sie nach Bestätigung, Zuneigung oder Erfolg. Vielleicht wissen Sie nicht so genau, was Sie eigentlich suchen, aber Sie erleben eine Angst, die Sie davon abhält, sich wirklich frei zu fühlen. Vielleicht haben auch Sie Angst, sich für die bedingungslose Liebe Dessen zu öffnen, der Sie »im Mutterleib gebildet« hat. Und vielleicht fragen Sie sich, warum Sie immer so geschäftig sind und selten still werden, warum Sie immer herumlaufen und sich gleichzeitig beschweren, Sie hätten keine Zeit, einfach zu sein.

Es gibt psychoanalytische Theorien darüber, warum Christen gewalttätig werden. Es ist, als wären wir wütend, weil wir unseren Glauben nicht selbst gewählt, erfahren oder integriert haben. Nur allzu oft haben wir ihn als Last auferlegt bekommen – eine Last, die wir nur schwer zurückweisen können, weil wir auch gelernt haben, was die Folgen sind.

Die biblische Geschichte vom verlorenen Sohn erzählt, wie er sein Erbe nimmt und sein Vaterhaus verlässt, um das Geld für Frauen, Genuss und Glücksspiel auszugeben. Er will die Freuden des Lebens in einem fremden Land austesten, weit weg von den vertrauten, lehrenden Stimmen. Insgeheim in seinem Herzen sagt er sich vermutlich: »Was mache ich hier eigentlich? Das ist nicht besonders schlau, tatsächlich ist es eher lächerlich.« Während er alles verliert, weiß er genau, wie dumm er ist. Andererseits, muss er es nicht genau so machen, um endlich für sich in Anspruch zu nehmen, was wirklich zu ihm gehört? Und lernt er auf diese Weise nicht alles über sein falsches und wahres Selbst?

Vielleicht sollten wir alle uns einen Augenblick Zeit nehmen, um uns mit diesem Abtrünnigen zu identifizieren. Vielleicht erinnern wir uns an Zeiten, in denen uns vollkommen bewusst war, dass unsere Eltern, Lehrer und Freunde die Wahrheit sagten, aber wir bezeichneten alles, was sie sagten, trotzdem als dumm und albern und rechtfertigen unsere Haltung: »Du kannst mir viel erzählen, ich muss das jetzt selbst herausfinden.«

Nun, der junge Mann in der Geschichte ging offenbar weg von zu Hause und verlor alles, bis auf einen Besitz. Er war immer noch *ein Mitglied* seiner Familie. Er *gehörte* zu diesen Menschen und zu diesem Ort. Und indem er durch den Schmerz seiner Enttäuschung vom Leben und von sich selbst zu dem Bewusstsein gelangte, dass er da etwas Unverlierbares besaß, begann seine tatsächliche Heimkehr. »Ich bin immer noch das Kind meines Vaters und meiner Mutter.

> Ja, es gibt die Stimme, die Stimme der Liebe, die Stimme, die vom Himmel her und aus deinem Inneren zu dir spricht, einmal leise geflüstert, ein anderes Mal laut gerufen: »Du bist mein Geliebter, an dir habe ich Wohlgefallen.«
> *Henri Nouwen*[19]

Ich *gehöre* immer noch zu meiner Familie. Ich habe immer noch ein Zuhause, wo Menschen leben, die mich kennen.« Hinter all diesen Gedanken versteckt sich eine riesige Last von Verwirrung, Schuld und Scham, denn er weiß ja, er hat dumm gehandelt und liegt jetzt am Boden. Er hat nur noch wenige Möglichkeiten. Er kann ein Leben in Verzweiflung wählen oder aufbrechen, um sich auf seine Wahrheit zurückzubesinnen. Und tief in seinem Inneren beschließt er, umzukehren und nach Hause zu gehen. »Ich gehe zurück zum Haus meines Vaters.«

Aber er ist nicht unmittelbar in der Lage, diese Wahrheit für sich in Anspruch zu nehmen. Er sagt zwar: »Ich gehe nach Hause«, aber er sagt nicht: »Meine Eltern werden sich freuen, mich wiederzusehen, und werden mich mit offenen Armen in Empfang nehmen.« Nichts dergleichen! Das Höchste, was er sagen kann, ist: »Ich gehe zurück an den Ort, an den ich gehöre. Meine Familie hat Diener, die mehr zu essen bekommen als ich hier. Ich werde einfach sagen: ›Vater, ich habe mich an dir versündigt, aber vielleicht magst du mich wie einen deiner Diener behandeln.‹« Einerseits nimmt er also seine Wahrheit in Anspruch, ein echtes Zuhause zu besitzen, und kehrt um, andererseits ist er so verwirrt und verblendet von Schuld, dass er kaum Freiheit besitzt. Trotzdem nimmt er sie in Anspruch, und das genügt, um umzukehren und nach Hause zu gehen.

Jesus hat sich in seiner Taufe mit der Erfahrung verbunden, wohin er gehörte, als er die unglaubliche Bestätigung seiner Person durch den Vater hörte: »Du bist mein geliebter Sohn, an dir habe ich Wohlgefallen.« Dieses Wissen um seine ursprüngliche Wahrheit hat es ihm möglich gemacht, sein Leben zu führen und seinen Tod anzunehmen, in einer Welt der Annahme und Zurückweisung, ohne jemals die tiefe Verbindung zu Dem zu verlieren, der ihn in die Welt gesandt hat. Er kannte diese Wahrheit. Er hielt sich an diese Wahrheit, sodass er niemals – ob die Menschen in seiner Nähe sein wollten, ihm zuhörten, ihn zum König ausriefen oder ihn zurückwiesen, schlugen, anspuckten und ans Kreuz nagelten – diese eine Wahrheit verlor: dass er Gottes geliebtes Kind war.

Sich mit der Erfahrung verbinden, wohin ich gehöre, oder die Verbindung zu verlieren: Beides zeigt sich in den Geschichten von Petrus und Judas. Beide hatten ihren Platz in der Nähe Jesu, und beide bezogen ihre Identität daraus. Sie waren auserwählt, und sie wussten es. Aber sie ließen diese Wahrheit beide im Stich, indem sie Jesus verleugneten und verrieten. Als Petrus das erkannte, kehrte er zurück zu seiner Identität als Freund Jesu und weinte vor Kummer. Judas jedoch sah sich nicht mehr in der Lage, sich auf eine Stufe mit den Menschen zu stellen, die nicht offen gesündigt hatten. Deshalb brachte er sich um, wies sein Erbe zurück und hängte sich auf.

Sie und ich kennen die spirituelle Wahrheit von Dazugehören, Weggehen und Zurückkehren. Wie der junge verlorene Sohn können wir lernen, unseren Gefühlen in unserem Handeln zuvorzukommen, darauf zu vertrauen, dass die Liebe da ist, und mit Zittern und Zagen zurückkehren. Und wir werden das umso bereitwilliger tun, wenn wir erkennen, wer in dieser Geschichte Gott ist. Früher habe ich nie gesehen, dass die Liebe des Vaters nicht nur die Rückkehr seines jüngeren Kindes umfasst, sondern auch das Weglaufen. Dieser erhellende Gedanke bringt mich zu den Fragen: »Heißt das, du warst tatsächlich *in* meinem Weggehen? Und heißt das, ich kann nach Hause kommen und du bist immer noch für mich da?«

Vielleicht ist die ganze Bewegung des Weggehens und Zurückkehrens eher *eine* Bewegung als zwei, vor allem in der Erfahrung des liebenden väterlichen Herzens. Wir haben es hier nicht mit einem Vater zu tun, der sagt: »Geh nicht.« Das würde nicht zum Geist dieser Geschichte passen. Der Geist dieser Geschichte ist ganz anders; er liest: »Ja, mein Sohn, geh. Du wirst Verletzungen erleben, und es wird schwierig und schmerzhaft sein. Vielleicht kostet es dich sogar das Leben, aber ich will dich nicht daran hindern, dieses Risiko einzugehen. Wenn – falls – du zurückkommst, bin ich immer für dich da. Aber ich bin auch jetzt, da du gehst, für dich da. Ja, wir gehören zusammen, ich bin nie getrennt von dir.« Dieser Aspekt der göttlichen Liebe stellt für mich eine ganz entscheidende Lebensverbindung dar.

Ich spüre, dass es gut für uns ist, irgendwo in unserem Herzen von der Liebe des Barmherzigen überzeugt zu sein und das Risiko auf uns zu nehmen, auch einmal wegzugehen. Gibt es nicht Zeiten für uns, wie im Leben des jüngeren Sohnes, in denen wir einfach eine Zeit lang Abstand brauchen? Ich glaube, der Schöpfer des Lebens liebt jede und jeden von uns, als Tochter oder Sohn, so wie wir immer wieder weggehen und zurückkehren. Je mehr Gespür wir für unsere eigene Reise entwickeln, desto mehr erkennen wir, dass wir jeden Tag, jede Stunde weggehen und zurückkommen. Unser Geist wird abgelenkt, kommt aber irgendwann wieder; unser Herz macht sich auf die Suche nach Zuneigung und kehrt manchmal gebrochen zurück; unser Körper wird vom Begehren weggetragen und kommt früher oder später wieder. Es geht nicht um einen einzigen dramatischen Augenblick im Leben, sondern um ein ständiges Gehen und Kommen.

Da ich meine eigene Begegnung mit der Geschichte und dem Gemälde durchlebt habe, fühle ich mich ermächtigt, Sie einzuladen, Ihr eigenes Gehen und Heimkommen voller Mitgefühl in Anspruch zu nehmen. Wir sind die geliebten Kinder unseres Schöpfers. Wir sind fest und sicher umfangen von einer immerwährenden, endlosen Liebe. Deshalb ist es normal für uns, geistlich zu wachsen, indem wir nach unserer Natur leben. »Ja, ich werde geliebt, selbst wenn ich Risiken eingehe, um meine Sehnsucht zu erfüllen, mein Leben selbst in die Hand zu nehmen. Ich werde geliebt, selbst wenn ich Fehler mache. Ich habe vielleicht schlecht gehandelt, aber ich konnte in diesem konkreten Augenblick nicht anders handeln. Menschen haben mich verletzt, und ich habe unschuldig gelitten, aber ich bin geliebt, längst bevor mir so etwas geschieht.« Diese Sätze sind wichtig, damit wir uns nicht strenger beurteilen als Der, der uns liebt.

Wenn wir die Anwesenheit der Liebe in unserem Weggehen nicht in Anspruch nehmen, dann erleben wir eine schuldbeladene Rückkehr zu einem dunklen Gott, der uns tadelt und sagt: »Ich habe ja gewusst, dass du scheitern würdest. Ich hätte dir gleich sagen können, dass du mich wieder brauchen würdest.« Aber das ist nicht das Bild des großen Schöpfers in der Geschichte vom Barmherzigen Vater. Gott lacht uns nicht aus, weil wir es allein nicht geschafft haben. Der Heilige Geist fordert von uns kein Bekenntnis in Schuld und Scham, er stellt keine Bedingungen für unsere Rückkehr. Gott in diesem Gleichnis ist eine persönliche, intime und liebevolle Gegenwart, die jeden von uns gehen lässt und zu Hause willkommen heißt, mit einer erstaunlichen Großzügigkeit und voll Vergebung. Diese Überlegung ist keine intellektuelle Übung zum Thema Richtig und Falsch. Es geht vielmehr darum, uns selbst zu öffnen, damit wir die Angst allmählich loslassen, wieder Vertrauen fassen und Platz für die Liebe

> Wir verharren in Stille. Hilf uns, uns selbst zu retten, indem wir uns vergessen. In jeder Erfahrung und in jedem Gedanken lass uns mit Sicherheit erkennen, dass wir Kinder des Unendlichen sind.
> *John McQuiston II*[20]

Dessen schaffen, der unseren Ausgang segnet und darauf wartet, unsere Rückkehr zu feiern.

Hören

Öffnen Sie sich in einem stillen Moment dafür, die Geschichte ganz neu zu hören. Nähern Sie sich der Geschichte diesmal aus der Perspektive der Körpergesten. Bereiten Sie sich auf Überraschungen vor und hören Sie hin, was Ihnen die verschiedenen, in der Geschichte beschriebenen Körpergesten vorschlagen.

Denken Sie über jede der Gestalten in dem Bild nach und betrachten Sie die Art, wie der Künstler die Menschen genau in diesem Moment gemalt hat. Was sagt Ihnen das über diese Menschen? Überlegen Sie, was Jesus mit dieser Geschichte vermitteln will. Lesen Sie Ihre eigene Bedeutung in die Figuren hinein.

Aufschreiben

Bringen Sie Stift und Papier wieder zusammen und nehmen Sie sich die Zeit, Ihre eigene Darstellung der Haltung des jüngeren Sohns auf dem Bild und in der Geschichte aufzuschreiben. Was sagt Ihnen seine Körpergeste über den Zustand seines Herzens? Schreiben Sie alle Gefühle der inneren und äußeren Identifikation mit ihm nieder. Schreiben Sie weiter, in Gedanken bei Ihrem eigenen Gehen und Heimkehren, auch wenn Ihnen schmerzliche Erinnerungen kommen. Versuchen

Sie Ihre Erfahrung und Ihre Gefühle in Worte zu fassen, ohne nach Perfektion zu streben. Bleiben Sie bei der echten Frage und schreiben Sie. Was rührt sich in Ihnen, in Ihrer Eigenschaft als Tochter oder Sohn, wenn Sie diesen jungen Mann betrachten?

Sich-Verbinden

Sprechen Sie die Antwort Ihres Herzens vor Dem aus, der Ihnen, ohne Rücksicht auf seinen Schmerz, den Raum gegeben hat, wegzugehen, ohne seinen Segen zurückzunehmen. Und wenn Sie noch irgendwo da draußen sind, sprechen Sie die Gefühle aus, die sich in Ihrem Herzen jetzt regen.

> Ich lernte, meine Gedanken auf das Papier fließen zu lassen und aufzuschreiben, was ich in mir hörte. Mein Schreiben hatte nun mehr mit dem Lauschen nach innen als mit dem Erfinden von Knalleffekten zu tun. ... Ich musste nicht mehr auf die richtige Stimmung und nicht mehr auf Inspiration warten. Ich schrieb einfach. Kein Geschacher mehr. War das Produkt gut oder schlecht? Das ging mich nichts an. Nicht *ich* schrieb. Als Autorin, die sich selbst im Wege steht, trat ich ab und konnte freiheraus schreiben.
> *Julia Cameron*[21]

Wenn Sie sich an die stets geöffneten Arme erinnern, die Ihnen ein uneingeschränktes Willkommen entgegengebracht haben, wenn Sie jemals die Hand der bedingungslosen Liebe fest und sicher auf Ihrer Schulter gespürt haben, dann danken Sie dafür, dass Sie wieder einmal sicher und zu Hause sind.

Ein Gespräch von Herz zu Herz.

*Eine Weisheitsübung für Menschen
auf der spirituellen Reise*

Übung 2: Feiern

»Ein Fest ist ein Zeichen des Himmels. Es symbolisiert unsere tiefste Sehnsucht – die Erfahrung vollkommener Zugehörigkeit« (Jean Vanier). Der alte Vater in dem Gleichnis wusste spontan, welche Reaktion einer lang ersehnten Heimkehr angemessen war. Er befahl seinen Dienern, das gemästete Kalb zu schlachten und ein Fest vorzubereiten. Wir erfahren nicht, ob der reumütige Ausreißer eigentlich selbst bereit ist, sich als geliebter Sohn feiern zu lassen, mit dem völlige Gemeinschaft besteht. Aber wir kennen ja selbst dieses gewisse schamerfüllte Zögern in uns, wenn wir mit einer ähnlich bedingungslosen Zuneigung gefeiert werden sollen.

Im universitären Umfeld verlor ich den Sinn für das Fest; erst die einfachen Gesten der Liebe und Bestätigung in Daybreak erinnern mich wieder daran, dass eine Feier viel mehr ist als eine Party oder ein Spektakel. Ich bin berührt, wenn wir am Ende eines köstlichen, lauten Geburtstagsessens innehalten und jeder dem Geburtstagskind Dankbarkeit für sein oder ihr Leben entgegenbringt. Es bewegt mich, wenn wir uns nach einem Todesfall versammeln, um Geschichten zu erzählen und gemeinsam zu lachen, zu weinen und uns zu erinnern. Es berührt mich jeden Frühling, wenn Ellens Eltern mit einigen anderen aus der jüdischen Gemeinde kommen, um mit uns das Sedermahl zu feiern und uns Gottes

Gegenwart in der ganzen Geschichte des »auserwählten Volkes« zu zeigen. Und am Ende unseres Gottesdienstes am Freitagabend gibt es echte Freude, wenn die Leute spontan zum Schlusslied zu tanzen beginnen. Feiern ist, wenn wir uns gemeinsam freuen, wenn wir unser Glas erheben, einander bestätigen und Dankbarkeit in unseren Herzen fühlen.

Als spirituelle Übungsform der Liebe ist das Fest jenseits von Partys und Unterhaltung ein gut vorbereitetes Zusammentreffen von Staunen und Freundschaft. Nutzen Sie Ihre Kreativität, einfache »Fiestas« zu gestalten, um einen geliebten Menschen öffentlich zu bestätigen, zu segnen und zu erheben. Und wenn Sie selbst es sind, der oder die gefeiert wird, versuchen Sie wirklich, einfach zu bleiben und echte Nahrung für Ihr unstetes Herz daraus zu empfangen.

3
Von der Arche zur zweiten Einsamkeit

Meine »Flitterwochen« in der Arche-Gemeinschaft dauerten etwas länger als ein Jahr. Dann kehrten meine alten Dämonen zurück, und ich begann meinen Kampf mit dem Wissen, dass ich mich an meine egoistischen Bedürfnisse klammerte. Ich sehnte mich zwar danach, meine Gefühle anders auszuleben, als Ausdruck von etwas Größerem und Breiterem als meinem eigenen kleinen Leben, aber gleichzeitig spürte ich einen großen Widerstand in mir, die alten Muster loszulassen. Langsam begriff ich, wenn auch nur in meinem Kopf, was es mit der »ersten Liebe« und der »zweiten Liebe« auf sich hat. Das muss ich näher erklären.

> Singt und tanzt zusammen und seid froh, und doch soll jeder von euch bei sich allein bleiben, so wie die Saiten einer Laute einzeln gespannt sind, auch wenn sie mit der selben Musik erzittern. ... Und steht beieinander, aber steht einander nicht zu nah: Die Säulen des Tempels stehen getrennt und die Eiche und die Zypresse wachsen nicht im gegenseitigen Schatten.
> *Khalil Gibran*[22]

Vom Kopf her wurde mir immer klarer, dass die erste Liebe aus der absoluten Lebenskraft stammt, die wir Gott nennen, der mich bedingungslos geliebt hat, bevor irgendwer sonst mich kannte oder liebte: »Mit ewiger Liebe habe ich dich geliebt« (Jeremia 31,3). Und ich sah, dass die zweite Liebe, die Liebe von Eltern, Familie und

Freunden, nur eine andere Ausdrucksform dieser ersten Liebe war.

Ich erkannte, dass die Quelle meines Leidens in der Tatsache lag, dass ich von der zweiten Liebe Dinge erwartete, die nur die erste Liebe geben konnte. Wenn ich von einem anderen Menschen, der doch unvollkommen und mit einer beschränkten Liebesfähigkeit ausgestattet war, eine sich selbst aufgebende, bedingungslose Liebe forderte, dann verlangte ich etwas Unmögliches. Aus Erfahrung wusste ich: Je mehr ich verlangte, desto mehr zogen sich die anderen zurück, nabelten sich ab, wurden wütend oder verließen mich. Und desto mehr erlebte ich den Kummer und Schmerz der Zurückweisung. Aber ich fühlte mich außerstande, mein Verhalten zu ändern.

Vor meiner Aufnahme in die Arche-Gemeinschaft war mir das alles gar nicht klar gewesen. Ich hatte immer schon gewusst, dass mein lebenslanger Kampf ein Schrei nach Zuneigung war, aber ich hatte nicht erkannt, dass ich eine »erste Liebe« von denjenigen erwartete, die nur eine »zweite Liebe« geben konnten. Indem ich mich auch in Daybreak an diese emotionale Überlebensstrategie klammerte, suchte ich warme, enge Freundschaften mit Menschen, um »nach Hause« zu finden. Ich gab mich ganz in die Gemeinschaft und die Beziehungen zu den Menschen dort hinein, und eine Weile funktionierte das

> Oft wird man durch die schockierenden Ereignisse in seiner Umgebung so abgelenkt, daß man später nur mühsam den Weg zu sich selbst zurückfindet. Und doch ist das nötig. ... Das Geschehen muß in dir Klarheit erlangen, du darfst nicht in den Dingen untergehen.
> *Etty Hillesum*[23]

auch. Während meines zweiten Jahres kam es jedoch zu einem sehr konkreten Bruch mit meinem besten Freund. In diesem Augenblick stürzte meine ganze Welt zusammen, und es schien, als wären alle Verlusterfahrungen meines ganzen Lebens wieder da und würden mich verfolgen. Ich verlor die Orientierung und mein Gefühl der Zugehörigkeit zu Kirche und Gemeinschaft. Ich kann Ihnen gar nicht beschreiben, wie schwer es für mich war, plötzlich zu erkennen, dass genau an diesem Ort, wo ich so etwas wie Heimat gefunden hatte, auf einmal Einsamkeit und Kummer auftauchten.

> Mein Gesicht ist eine Maske, der ich befehle, nichts von den zerbrechlichen Gefühlen zu offenbaren, die ich in meiner Seele verberge.
> *Glen Lazore, Mohawk*

Ich war ganz und gar verzweifelt, kapselte mich ab und »funktionierte« überhaupt nicht mehr. So sehr ich es mir auch wünschte, diese Erfahrung im Kontext meines neu gefundenen Zuhauses durchzustehen, so klar war mir aufgrund meiner psychologischen Ausbildung, dass die Gemeinschaft nicht in der Lage sein würde, mir die nötige professionelle Unterstützung und den Abstand zu geben, damit ich meine Situation klarer sah. Also verließ ich Daybreak, um für eine Weile in einer anderen therapeutischen Gemeinschaft zu leben, in Winnipeg/Manitoba, und dort mit meinem Kampf zurechtzukommen. Ich war zutiefst überzeugt, dass ich hier tiefer in die Frage einsteigen würde, was meine Zugehörigkeit zur Arche-Gemeinschaft für mich bedeutete. Es war eine sehr, sehr schwierige Zeit für mich, allein und ohne meine Gemeinschaft, und ich sehnte mich mehr denn je danach, dort zu sein. Aber diese Erfahrung brachte mich allmählich in Berührung mit einer Suche nach Heimat, die viel tiefer war als die Suche nach Freunden, nach Nähe und Sicherheit.

Während ich damit kämpfte, dass ich aus der Einsamkeit in die Arche gekommen war und nun wieder aus der Arche in eine zweite Einsamkeit gerufen wurde, um überhaupt in der Arche leben zu können, erinnerte ich mich ganz deutlich an meine erste Erfahrung mit dem Rembrandt-Gemälde vom Verlorenen Sohn. Ich wusste, dass dieses Bild eine ungeahnte Bedeutung für mein Leben haben würde, und so begann ich in der Einsamkeit in Winnipeg, das Gemälde über lange Zeiträume hinweg anzuschauen und zu studieren.

Ich kann nicht gut in Worte fassen, was mir dabei widerfuhr. Ich hatte so viel Schmerz und Qual erlebt, fühlte mich so absolut allein, aber hier vor mir sah ich diesen Vater, der sein verirrtes Kind auf eine Weise berührt, die einem Segen gleichkommt. Ich erkannte mich wieder in diesem jungen Mann und spürte, dass der Vater ihn mit derselben Zärtlichkeit berührte, nach der ich mich in meinem Herzen sehnte. Diese liebevolle Berührung bedeutete, anerkannt zu sein durch die väterlichen Hände, nicht so sehr mit den Augen oder dem Verstand als mit einer aus tiefstem Herzen kommenden Liebe. Diese Hände auf meinen Schultern hatten etwas damit zu tun, dass ich erkannt wurde, bevor ich sprach. In meiner Vorstellung war ich der jüngere Sohn auf dem Gemälde, und mein trauerndes Herz wurde bewegt.

Ich betrachte dieses Bild jetzt seit vielen Jahren, und es hat mich auf allen Wegen begleitet, von denen ich hier sprach: von der Einsamkeit in die Gemeinschaft der Arche und von der Arche in die zweite Einsamkeit, von der zweiten Liebe zur ersten Liebe. Und in dem Maße, in dem meine Achtsamkeit wächst, glaube ich, dass dieses Gemälde immer noch mehr für mich bereithält, als schon enthüllt ist. Diese Einsichten formuliere ich in der Welt des Verstandes, aber ich glaube fest daran, dass sie mir dabei helfen, die tiefen Gefühle meines Lebens zu leben.

Die ursprüngliche, erste, bedingungslose Liebe der Quelle allen Lebens wird mir durch Menschen in ihrer ganzen Begrenztheit gespiegelt: durch eine menschliche Mutter, einen menschlichen Vater, Großeltern, Geschwister und Mentoren. Ich weiß, dass ich von Gott »im Mutterschoß gewoben« (Psalm 139,13) und ganz und gar geliebt wurde, aber ich hatte eben auch einen sehr autoritären Vater und eine entsetzlich skrupulöse Mutter.

> Dies ist die wichtigste Einsicht aus der spirituellen Erfahrung: Wir sind in allen Einzelheiten und in der Tiefe erkannt von der Liebe, die uns erschafft und erhält. Erkannt als Teile einer Gemeinschaft der Geschöpfe, in gegenseitiger Abhängigkeit. Diese Liebe kennt unsere Grenzen ebenso wie unsere Möglichkeiten, unsere Fähigkeit zum Bösen ebenso wie zum Guten, und unsere dauerhafte Selbstbezogenheit, mit der wir die Gemeinschaft zu unserem Vorteil ausnutzen. Aber als Liebe versucht sie nicht, uns einzuschränken oder zu manipulieren. Stattdessen bietet sie uns die ständige Gnade der Selbsterkenntnis und Annahme an, die uns zu einem Leben in größerer Liebe befreien kann.
> *Parker J. Palmer*[24]

Meine Eltern haben mich ihr Leben lang mit ungeheurer Liebe beschenkt, aber meine erste Erfahrung mit der bedingungslosen Liebe des Schöpfers kam eben von einer nervösen, peinlich gewissenhaften Frau, deren zahlreiche Ängste sie daran hinderten, mich unbefangen im Arm zu halten und zu berühren, und von einem Vater, der mir die klare Botschaft übermittelte, ich müsse es in der Welt zu etwas bringen und Professor werden. Durch zwei solche Eltern leuchtet Gottes erste, bedingungslose Liebe nicht allzu klar hindurch. Sie waren beide wunderbare Menschen, und ich bin ewig dankbar, dass ich sie hatte, aber sie waren eben trotzdem Menschen mit Brüchen und Grenzen. Sie liebten mich, so gut sie konnten, aber sie verletzten mich auch. Ihre Liebe ist nur eine Spiegelung jener unbegrenzten Liebe, die mich schon umfangen hielt, als sie von der Liebe und von mir noch gar nichts wussten.

Elternliebe ist eine begrenzte Spiegelung einer unbegrenzten Liebe. In meiner Erfahrung von Elternliebe wurde ich genauso verletzt wie Sie und jeder andere Mensch. Die meisten Eltern sind gut und ganz wunderbar, aber sie sind eben auch Menschen mit all ihren Brüchen. Sie sehnen sich danach, ihren Kindern das Allerbeste mitzugeben, aber ihre eigene Zerbrochenheit hindert sie daran, und so übermitteln sie gegen ihren eigenen Willen eine begrenzte Liebe.

> Nur allzu oft glauben wir, Gottes Liebe sei an Bedingungen geknüpft wie unsere Liebe zu anderen. Wir haben Gott nach unserem Bilde modelliert statt umgekehrt uns als nach dem Bilde Gottes Geschaffene zu sehen. ... Unsere Kultur ist eine Erfolgskultur, und diese Haltung übertragen wir auf unsere Beziehung zu Gott. Wir arbeiten bis zum Umfallen und versuchen, damit alle und jeden zu beeindrucken, auch Gott. ... Wir können einfach nicht glauben, dass unsere Beziehung zu Gott, unser Ansehen bei Gott, wirklich nichts mit unserer Performance, unserer Leistung zu tun haben soll.
> *Desmond Tutu*[25]

Teilweise deshalb tragen wir alle die Sehnsucht in uns, jenseits unseres Zuhauses nach dem Gefühl des Geliebtwerdens zu suchen, und dabei geraten wir in der Regel in die vielen kulturellen Bewegungen um uns herum. Ein vergeudetes Leben ist eines, in dem wir bewusst oder unbewusst ständig mit Fragen wie diesen leben: »Was hältst du von mir? Schau mich an! Schau, was ich tue! Schau, was ich habe! Bin ich nicht großartig? Denkst du, ich bin in Ordnung? Akzeptierst du mich? Hältst du mich für gut? Magst du mich? Liebst du mich?«

Wir arbeiten unermüdlich daran, uns vor anderen in einem guten Licht zu präsentieren, in der falschen Annahme, unsere Identität entstehe aus dem, was wir in *ihren* Augen sind, aus dem, was wir tun oder was wir haben. Wir schauen Menschen außerhalb von uns selbst an, damit sie uns sagen, dass wir einzigartig, würdig und gut sind. Wir wollen von unserer Umgebung erfahren, ob wir den Test bestehen, ob wir einzigartig und liebenswert sind. Dieses Denken wird von der Welt, in der wir leben, gefördert: Wie viel Geld verdient er? Was besitzt sie? Welche Leute kennt er? Ist sie berühmt? Was kann er für mich tun? Was schreibt man über sie? Auf wen kann er Druck ausüben? Ich muss Erfolg, genug Geld oder einen guten Ruf *haben,* sonst bin ich gar nichts.

Diese kulturellen Illusionen füllen die Welt, in der wir leben, und beeinflussen unser Selbstwertgefühl zutiefst. Sie warnen uns:

Du bist, was du *tust* (Anwalt, Mutter, Generaldirektor, Lehrerin, Pflegekraft, Naturwissenschaftler oder ungelernter Arbeiter), also tu etwas Wichtiges!

Du bist, was du *hast* (Wohlstand, Bildung, Macht, Popularität, Behinderung, Nichts), also halt dich ran und verschaff dir, was du kriegen kannst!

Du bist, was *andere von dir denken* (nett, gemein, heilig, liebevoll, dumm), also benimm dich entsprechend und sorg dafür, dass dich die anderen respektieren!

Filme, bildende Kunst und Unterhaltungsmedien unterstützen diese Illusionen und sind Formen der Manipulation. Endlos werden uns die Visionen von Menschen vorgeführt, die nicht wissen, wer sie sind, und ihre Träume ausagieren, um akzeptiert zu werden. Wir beobachten, wie Liebkosung zum Grapschen verkommt, Küssen zum Beißen. Sexuelle Gewalt entsteht aus unserem Drang, andere zur Erfüllung unserer unkontrollierten menschlichen Bedürfnisse zu zwingen. Selten geht es noch um freies Geben und Nehmen, sondern wir klammern uns an den egoistischen, besitzergreifenden Ausdruck unserer persönlichen Bedürfnisse. Der gesamte Bereich des Körpers und der Sexualität wird zur Mitte unserer Suche nach dem wahren Selbst. Deshalb besteht unsere Herausforderung darin, uns allmählich von einem vergeudeten Leben zu einem Leben in Fülle zu bewegen, nicht indem wir prüde werden, sondern weil eine wahre Identität auch das kostbare Geschenk wahrer Intimität in sich trägt.

Das Leben Jesu verweigert sich dieser dunklen Welt der Illusion, die uns gefangen hält. Nach Hause zurückkehren, das heißt auch, sich von diesen Illusionen und von der Vergeudung des Lebens abwenden, von unseren verzweifelten Versuchen, den Erwartungen der anderen zu entsprechen. Wir sind nicht, was wir tun. Wir sind nicht, was wir haben. Wir sind nicht, was andere von uns halten. Wenn wir heimkehren, nehmen wir die Wahrheit in Anspruch: Ich bin das geliebte Kind eines liebenden Schöpfers. Wir müssen die Welt nicht mehr um Erlaubnis bitten, zu existieren.

Vor allem im Hinblick auf unsere Erfahrung unverdienten Leidens macht unsere Entscheidung für ein vergeudetes oder erfülltes Leben einen großen Unterschied aus. Wenn wir unsere Wahrheit in Fülle leben, gestattet uns das eine ganz neue Art des Umgangs mit dem Leiden. Wenn ich beispielsweise mit gebrochenem Herzen in einer Beziehung lebe, fühle ich mich natürlich sehr unsicher und neige dazu, mich gering zu achten und als Versager zu betrachten. Ich fühle mich verletzt und enttäuscht. Vielleicht möchte ich sogar sterben, was sehr viel darüber aussagt, wie ich mein Leben einschätze. Ich lebe mit gemischten Gefühlen über Gut und Hässlich, und meine Gefühle sind echt.

Als ich sechzehn Jahre alt war, verlor ich meine Arbeit und war vollkommen verzweifelt. Mein gesamter Wert als Person war dahin. Meine Mutter fand mich in meinem Zimmer, wo ich weinte ... Ich erzählte ihr, was passiert war. ... Sie setzte sich auf mein Bett und nahm mich in die Arme. »Gefeuert? Gefeuert?«, lachte sie. »Was zum Teufel hat das denn zu bedeuten? Gar nichts. Morgen wirst du dir einen anderen Job suchen, und das war's.« Sie wischte mir mit ihrem Taschentuch die Tränen ab. »... Weißt du noch, als du den Job gefunden hast, da warst du auf der Suche. Und jetzt machst du dich wieder auf die Suche.« Sie lachte über ihre eigene Klugheit und meinen jugendlichen Unverstand. »Und denk dran, wenn du jemals wieder irgendwo rausfliegst, gönn dem Chef nicht den Triumph. Du hast das alles schon mal durchgemacht und überlebt.«
Maya Angelou[26]

3 Von der Arche zur zweiten Einsamkeit

Aber selbst wenn es sehr wehtut und ich sogar in eine Depression hineingerate, bleibt doch die erstaunliche Wahrheit darüber bestehen, wer ich wirklich bin. Ich werde geliebt. Ich weiß das nicht aufgrund einer intellektuellen oder psychologischen Erfahrung, sondern aus meinem tiefsten Inneren. Ich bin ein guter Mensch, erkannt und geschätzt von Dem, der mich ins Leben gerufen hat. Bevor ich verletzt wurde, war ich schon ein geliebter Mensch. Trotz all meiner verletzten Gefühle habe ich immer die Möglichkeit, umzukehren und wieder in Anspruch zu nehmen, wer ich wirklich bin. Diese Wahrheit über mich, die ich in Anspruch nehme, ist konstant, ist gegeben schon seit der Zeit vor meiner Geburt. Ich bin das geliebte Kind eines liebenden Schöpfers.

> Liebes Kind Gottes, in unserer Welt fällt es oft schwer, nicht zu vergessen, dass Gott uns so liebt, wie wir sind. Gott liebt Sie nicht, weil Sie gut sind. Nein, Gott liebt Sie, Punkt. Gott liebt uns nicht, weil wir liebenswert sind. Nein, wir sind liebenswert, eben weil Gott uns liebt. Es ist wunderbar, wenn man erkennt, dass man als der angenommen ist, der man ist, egal ob man erfolgreich ist oder nicht.
> *Desmond Tutu*[27]

Jesus wusste, wer er war, und war deshalb in der Lage, die Tage seines Leidens in tiefstem Schrecken und gleichzeitig im Frieden zu leben. Er musste nicht anderen oder sich selbst die Schuld geben, weil er die Zerbrochenheit derjenigen kannte, die ihm Schmerz bereiteten. In dem Wissen, dass er geliebt wurde, war Jesus in der Lage, den Schmerz durchzustehen und denen zu vergeben, die ihn verletzt hatten.

Für mich dreht sich die Erfahrung der Heimkehr um mein tiefes Bedürfnis nach Zärtlichkeit, das sich auf vielerlei Weise in meinem Herzen und in meinem Körper Ausdruck verschafft. Diese menschliche Sehnsucht versetzt mich oft in eine Fantasiewelt, in der Begehren, Einsamkeit, Lust, Zorn, Schmerz und Rachegefühle mich überwältigen. Weil ich aber die Wahrheit kenne, kann ich noch mitten in meinem Schmerz sagen: »Hier ist meine Gelegenheit zur Umkehr.

> Wenn du zurück nach Südafrika gehst und dort predigst und lehrst, denk immer daran, dass jeder Mensch gleich neben seinem eigenen Tränensee sitzt.
> *Trevor Hudson*[28]

Hier an diesem Punkt kann ich mich ganz sanft wieder der Wahrheit zuwenden. Ich bin noch nicht zu Hause. Ja, ich habe einen Körper, und mein Körper ist gut, ich kann Menschen berühren und mich berühren lassen. Aber diese Berührung soll von dem Ort ausgehen, an dem ich mich geliebt weiß, nicht von meiner Bedürftigkeit.«

Jesus hat gesagt: »Wie mich der Vater geliebt hat, so liebe ich euch« (vgl. Johannes 15,9). Indem ich mich an das Wissen halte, dass ich vor allem anderen ein geliebter Sohn bin, der noch nicht ganz zu Hause angekommen ist, rutsche ich nicht in ein Leben der Vergeudung ab. Ich bin vielleicht noch nicht in der Fülle angekommen, aber das ändert nichts an der Tatsache, dass mein Körper ein Tempel ist, in dem der Geist des Schöpfers wohnt. Es ändert nichts an der Tatsache, dass ich wie Jesus ein geliebter Sohn Gottes bin. Das ist die Wahrheit.

Ein Leben in Fülle ist ein Leben der Rückkehr und des Bleibens in dieser ursprünglichen Wahrheit. Es ist ein echter Kampf, unser ganzes Selbst nach Hause zu bringen, und am besten erreichen wir dieses Ziel behutsam und allmählich. Jesus spricht von einem schmalen Pfad und meint damit, dass wir gelegentlich vom Weg abkommen und dass das in Ordnung ist. Der ganze Verlauf eines spirituellen Lebens besteht im Abweichen und Zurückkommen, Weggehen und Heimkehren. Wir sollen uns also in unserem Weggehen wie im Heimkommen daran erinnern, dass wir gesegnet, geliebt, geschätzt und erwartet werden: von Dem, dessen Liebe unwandelbar ist.

Unsere Liebe zu unserem inkarnierten Selbst in Leib und Herz dreht sich ganz und gar um die Heimkehr. Es geht um die Sammlung von allem in der Einheit. Wenn Leib, Geist und Herz eins werden, verschwindet die Vergeudung und wir fühlen uns vollständiger, mehr in der Fülle, mehr eins mit uns selbst und dem Universum. Von dieser Erfahrung her berühren wir einander zärtlich, umarmen uns, pflegen einander, halten uns im Arm, lieben einander, küssen einander und fühlen uns frei dabei. Von dieser Erfahrung her brauchen wir den anderen nicht mehr, damit er uns sagt, wer wir sind, oder uns eine Identität verschafft. Wie Jesus wissen wir, wer wir sind: auf immer geliebte Kinder unseres persönlichen Gottes.

Unsere Rückkehr ist also eine Bewegung in die Fülle hinein, nach Hause, zum Festhalten an unserer wahren Identität als Geliebte der göttlichen Liebe. Vielleicht wissen wir es mit unserem Verstand, aber unser Körper bringt uns oft auf andere Wege, gerät außer Kontrolle und verläuft sich. Das spirituelle Leben ist ein Leben, in dem wir uns ständig der Wahrheit zuwenden, unserem Zuhause und hoffentlich denjenigen, die uns helfen, zu uns selbst zurückzukehren: als geliebte Töchter und Söhne des Geistes der Liebe.

Meine Beziehungskrise öffnete mir den Weg in eine neue Einsamkeit, die ganz anders war als die frühere Einsamkeit in Harvard und Yale. Diese zweite Einsamkeit war viel radikaler und existenzieller; sie reichte über die persönliche Beziehung hinaus ins Mystische und in das Vertrauen, wenn ich mein Anhängen und meine Bedürftigkeit in dieser Beziehung aufgäbe, würde mir etwas Größeres geschenkt. Tatsächlich ging es darum, dass das Göttliche zur Mitte meines Lebens wurde. Es hatte mit der Einladung Jesu zu tun: »Verlass deinen Vater, deine Mutter, deinen Bruder, deine Schwester, verlass deine Freunde, und du wirst hundert Brüder, Schwestern und Freunde erlangen.« Es ist nötig, darüber zu sprechen, denn diese »zweite Einsamkeit« ist ein moderner Ausdruck für eine der ältesten mystischen Traditionen des spirituellen Lebens. Die »dunkle Nacht der Seele« ist ein anderes Bild für diese zweite Einsamkeit. In der Erfahrung der dunklen Nacht begriff Johannes vom Kreuz allmählich, dass der Geist niemals in den Zuneigungen des menschlichen Herzens eingefangen werden kann, weil Gottes Geist so viel größer ist als unsere menschlichen Fähigkeiten.

> Die Sendung besteht darin, das Leben Gottes anderen weiterzugeben. Das kann nicht geschehen, wenn die Gemeinschaften und die Einzelnen nicht wirklich arm und demütig sind ... Zur Sendung gehört also eine doppelte Armut. Sie erfordert gleichzeitig Vertrauen in den Ruf Gottes und in seine Vollmacht, die sich in unserer Armut, Kleinheit und Demut offenbaren.
> *Jean Vanier*[29]

Die tiefste Lehre, die ich aus dieser Zeit gezogen habe, drehte sich um den Übergang von der ersten Einsamkeit emotional unbefriedigender Freundschaften zur zweiten Einsamkeit einer fordernden Vertrautheit mit Dem, der die Liebe selbst ist. Diese tiefere Gemeinschaft mit Gott verlangte nicht von mir, die Freundschaft ganz aufzugeben, sondern forderte mich heraus, bestimmte Formen der Befriedung auf der Ebene von Gefühlen, Gemütserregungen und Gedanken aufzugeben. Diese zweite Einsamkeit ist nichts, was ich zu überwinden hätte, sondern etwas, das ich leben soll, aufrecht und als vollständiger Mensch. Diese zweite Einsamkeit bringt mich innerlich auf den Weg zur Gemeinschaft mit dem Göttlichen und gleichzeitig in Verbindung mit meinem tiefsten Selbst in der Beziehung zu meinen Brüdern, Schwestern und guten Freunden.

> In der Tiefe liegen die Gewalt und Schrecken, vor denen uns die Psychologie gewarnt hat. Aber wenn wir diese Ungeheuer überwältigen, wenn wir mit ihnen über den Rand der Welt stürzen, dann finden wir, was die Naturwissenschaft weder verorten noch benennen kann: das Substrat, den Ozean oder die Matrix oder den Äther, der den Rest aufrechterhält, der der Güte und dem Bösen die Kraft gibt. Das vereinte Feld, unser kompliziertes und unerkläriches Kümmern um den anderen und um unser gemeinsames Leben auf dieser Erde. Das ist uns geschenkt, nicht angelernt.
> *Annie Dillard*[30]

Das ist paradox, aber wahr. Je mehr Nähe und Vertrautheit mit dem Schöpfer meines Lebens ich finde, desto mehr Einsamkeit erlebe ich. Und gleichzeitig eröffnet mir diese Einsamkeit ein neues Gefühl der Zusammengehörigkeit mit der Familie der göttlichen Liebe, eine Gemeinschaft, die viel umfassender und mit größerer Nähe verbunden ist, als jede Zusammengehörigkeit in der Welt bieten kann. Die Welt der Gemeinschaft mit dem Großen Geist wird tatsächlich als eine Welt der Einsamkeit erlebt, als die größtmögliche Trennung von meinem menschlichen Bedürfnis, geliebt zu werden, und gleichzeitig offenbart sie mir die größtmögliche Zugehörigkeit zum Schöpfer der Galaxien und zur ganzen Menschheit.

In der zweiten Einsamkeit kommen die größte Einsamkeit und die größte Solidarität mit dem göttlichen Liebhaber und der menschlichen Natur zusammen. Sobald ich diesen Übergang als Ruf annehme, mich in der Tiefe mit der bedingungslosen Liebe zu verbinden, mit meiner zerbrechlichen Menschlichkeit und mit Brüdern und Schwestern auf der ganzen Welt, dann verschiebt sich etwas in mir. Wenn ich Gottes erste Liebe zu mir an die erste Stelle setze, dann verändert sich mein Erleben der existenziellen Einsamkeit, vor allem weil ich besser in der Wahrheit verwurzelt und damit eher in der Lage bin, mein Leiden als vollständiger Mensch durchzustehen.

Aus diesem Grund habe ich zu Beginn vorgeschlagen, dass wir in die Geschichte des Verlorenen Sohnes nicht allein hineingehen, sondern andere mitbringen. Jedem von uns ist bewusst, dass wir von einer einsamen, leidenden Menschenwelt umgeben sind. Wenn wir unsere eigene, einzigartige zweite Einsamkeit berühren, müssen wir in Berührung mit dem größeren Bild der menschlichen Natur kommen, an der wir Anteil haben. Deshalb bitte ich Sie noch einmal, sich selbst und Ihr einzigartiges Leben als ein Leben in Solidarität mit vielen anderen in der Welt zu sehen. Wenn Sie das nicht tun, bleibt Ihr Leben klein, isoliert und uninteressant. Sie und ich, in unseren begrenzten familiären und kirchlichen Gemeinschaften, sind gebrochene, kleine Menschen. Irgendwie sind wir mit unserem naturwissenschaftlichen, kosmischen Weltbild eingeladen zum Durchbruch in eine breitere Gemeinschaft mit anderen in der Welt und mit dem heiligen Schöpfer des Universums.

Wenn ich Sie dazu auffordere, den großen Kampf Ihres Lebens auszufechten und Ihren Schmerz aufrecht durchzustehen, dann tue ich das in dem Vertrauen, dass wir in Solidarität mit etwas stehen, das größer ist als unsere Individualität. Maria *stand* unter dem Kreuz: *Stabat mater.** Sie fiel unter dem Kreuz nicht in Ohnmacht, sondern *stand* ihrem Sohn und der ganzen Welt in ihrem Leiden bei. Ich bekenne, dass ich dazu nicht ganz

> Wie der Hirsch nach strömendem Wasser lechzt, so sehnt sich meine Seele nach dir, o Geliebter.
> Meine Seele dürstet nach dem Geliebten, nach dem lebendigen Wasser.
> Wann darf ich kommen und dein Antlitz sehen?
> Meine Tränen sind meine Speise, Tag und Nacht.
> Meine Freunde fragen mich ständig: Wo ist der Geliebte deines Herzens?
> *Nan C. Merrill, nach Psalm 42*[31]

---

* *Stabat mater* sind die Anfangsworte eines geistlichen Gedichtes aus dem 13. Jahrhundert, das die Schmerzen der Gottesmutter Maria beschreibt, die sie unter dem Kreuz Christi stehend erträgt: *Stabat mater dolorosa* (»Es stand die Mutter schmerzerfüllt«). Der zehnstrophige Text wurde von vielen Komponisten vertont. *[Anm. d. Red.]*

in der Lage bin, aber ich bin sicher, dass ich dazu aufgerufen bin, stehen zu bleiben, die Welt anzuschauen und kundzutun, was es heißt, ein Mensch zu sein. Wir sind alle sehr klein und gering – das ist das Geheimnis. Ich hoffe, meine persönliche Erfahrung und die vielen Gedanken in diesem Buch rufen in Ihnen die Sehnsucht wach, auf ganz eigene Weise mit der Geschichte aus dem Evangelium in Verbindung zu treten.

Ich erinnere mich, dass eines Tages ein junger Techniker zu mir kam und sagte: »Henri, mir ist etwas wirklich Großes passiert. Ich bin im Wagen auf der Autobahn gefahren und fühlte mich schrecklich einsam, und dann schien eine innere Stimme, vielleicht die Stimme von Jesus, zu mir zu sagen: ›Fahr doch mal auf diesen Feldweg und steig aus, dann können wir ein Stück zusammen gehen.‹ Also ließ ich mein Auto stehen und fühlte mich immer noch sehr allein. Ich versuchte mir vorzustellen, dass ich mit Jesus dort ging, aber ich fühlte mich unglaublich einsam. Gleichzeitig wusste

> Es interessiert mich nicht, womit du dein Geld verdienst. Ich will wissen, wonach du dich sehnst und ob du die Erfüllung deines Herzenswunsches zu träumen wagst. ... Ich will wissen, ob du es riskierst, dich zum Narren zu machen, auf deiner Suche nach Liebe, nach deinem Traum, nach dem Abenteuer des Lebens. ... Ich will wissen, ob du deinem Leid auf den Grund gegangen bist und ob dich die Ungerechtigkeiten des Lebens geöffnet haben oder du dich klein machst und verschließt, um dich vor neuen Verletzungen zu schützen. Ich will wissen, ob du Schmerz – meinen oder deinen eigenen – ertragen kannst, ohne ihn zu verstecken, zu bemänteln oder zu lindern. ... Ich will wissen, ob du andere enttäuschen kannst, um dir selbst treu zu bleiben ...
> *Oriah Mountain Dreamer*[32]

ich, dass er in meinem Herzen mit mir sprach. Und ich wusste auch blitzartig, dass ich ihm näher war als je zuvor. Es ist schwer zu erklären, aber diese Begegnung war so echt! Ich weiß, sie hat mich zutiefst verändert.«

Diese kleine Geschichte erinnert mich daran, dass das Menschenleben ein Weg ist: von der ersten Einsamkeit der Entfremdung auf der Autobahn zur zweiten Einsamkeit des Gehens mit Jesus, in dem Vertrauen, dass er allein genügt. Unerfüllte Bedürfnisse schreien immer noch in uns, aber wir erwarten keine Heilung mehr von Geliebten und Freunden.

Mein Leben in der Arche-Gemeinschaft wurde für mich zu einer Möglichkeit, den wichtigsten Kampf meines Lebens anzugehen, nämlich die zweite Einsamkeit, die mir durch eigene Erfahrung und durch das Gleichnis vom Barmherzigen Vater offenbart wurde. Durch sie bin ich in Berührung mit Gottes erster, bedingungsloser Liebe gekommen. Die Geschichte und das Gemälde sagen mir, dass es möglich ist, Güte, Freundschaft und Zärtlichkeit zu erleben, ohne dass mein ganzes Leben davon abhängig wird. Es ist auch möglich, sich zurückgewiesen und verlassen zu fühlen, ohne dass es uns zerstört. Nichts ist schmerzhafter als die Zurückweisung, aber wenn sie vor dem Hintergrund der ersten Liebe erlebt wird, dann ist es möglich, sie zu überleben. Das ist eine Geschichte des spirituellen Lebens.

Schauen Sie sich Rembrandts Bild genau an, studieren Sie es allein und mit anderen spirituell Suchenden. Versuchen Sie zu begreifen, dass dieser praktisch blinde Vater, der sein geliebtes Kind nicht so sehr durch das Sehen, sondern vielmehr durch die Berührung erkennt, etwas sehr Ursprüngliches über echtes menschliches Lieben und Geliebtwerden aussagt. Es geht hier nicht um Erklärungen, Feststellungen oder Argumente. Die Liebe dieses Vaters hat etwas Vorsprachliches. Diese intime Verbindung mit der bedingungslosen Liebe schickt uns zurück in unsere allererste Erfahrung von Liebe durch Berührung. Die erste Berührung durch die göttliche Liebe und unsere Eltern ist in unser Bewusstsein eingedrungen und hat uns unser erstes Gefühl des einzigartigen Geliebtwerdens vermittelt, unsere erste Erfahrung von Heimat, Zugehörigkeit, Sicherheit und Schutz. Ein Leben lang sehnen wir uns wohl nach dieser ersten Berührung, die uns versichert hat, dass wir wirklich geliebt sind.

> Das lateinische Wort »humilitas« für Demut leitet sich wie das Wort »human« von »humus«, Erde, ab. Am menschlichsten sind wir, wenn wir nichts Großes tun. Wir sind gar nicht so wichtig, wir sind Staub und Geist – bestenfalls sind wir liebevolle Hebammen, Mitwirkende in einem Prozess, der viel größer ist als wir. Wenn wir still sind und zuhören und spüren, wie die Dinge sich bewegen, werden wir vielleicht klug genug, unsere Hände auf das zu legen, was geboren werden will, und es mit Freundlichkeit und Sorgfalt zu segnen.
> *Wayne Muller*[33]

In den Jahren, die ich mit diesem Gemälde »gelebt« habe, habe ich Hunderte von Deutungen des biblischen Gleichnisses gelesen. Die Variationsbreite von den soziologischsten bis zu den innigsten Interpretationen ist ungeheuer, und einige übersteigen mein Vorstellungsvermögen. Weil diese Geschichte ein so offenes Ende hat, ist sie eine der größten Geschichten in den Evangelien und in der Literatur überhaupt. Das kann uns Mut machen, denn es bedeutet, dass jeder von uns frei ist, seine eigene Deutung hineinzulegen. In meiner versuche ich zu erklären, was ich schon über meine Erfahrungen geschrieben habe, und deshalb haben meine Kommentare über den verlorenen Sohn auch ziemlich viel mit mir selbst zu tun. Aber das Schöne ist, dass auch für Ihr Leben und Ihre Geschichte eine Bedeutung darin liegt, weil jedes Menschenleben seine eigenen Deutungsmöglichkeiten mitbringt. Ihr Leben ist zutiefst bedeutsam, und deshalb bitte ich Sie, sich selbst im Licht dieser Auslegung sehr ernst zu nehmen, weil sie eine Bedeutung für Ihre innerste menschliche Reise hat.

Hören

Werden Sie still. Hören Sie auf die Herzen der Menschen in dem Gleichnis und werden Sie sich ihrer Einsamkeit bewusst. Ziehen Sie sich langsam in das Bild zurück, bitten Sie um neue Augen und Ohren, um die Herzensschreie jedes darin dargestellten Menschen zu sehen und zu hören. Schauen und hören Sie mit dem Herzen und spüren Sie den Schmerz jedes Einzelnen. Vielleicht reicht die Einsamkeit an Ihre eigene hin. Scheuen Sie sich in diesem heiligen Zusammenhang nicht, sich Zeit zu nehmen, um Ihre eigene existenzielle Einsamkeit als vollwertiges Mitglied der Menschheitsfamilie zu spüren.

Aufschreiben

Mit dem Stift in der Hand versuchen Sie, Ihre Gedanken und Gefühle in Worte für Ihr Tagebuch zu übersetzen. Gehen Sie tief in Ihr Herz und schreiben Sie über Ihre Erfahrungen von Einsamkeit in Beziehungen und in der Abwesenheit von Beziehungen. Wie beeinflusst die Einsamkeit Ihr Selbstgefühl? Trauen Sie sich, alles zum Ausdruck zu bringen, und hören Sie nicht auf, bevor Sie es getan haben. Beenden Sie das Schreiben, indem Sie zu Papier bringen, wie die Geschichte und das Bild ein Licht auf Ihr eigenes kostbares Leben werfen.

Sich-Verbinden

Stellen Sie sich vor, Sie sind bei Ihrem liebenden Schöpfer und lassen Ihr Herz sprechen. Benennen Sie Ihr Alleinsein und Ihren Kampf darum, Liebe zu finden, Liebe zu geben und sich selbst zu lieben. Zeigen Sie sich in aller Ehrlichkeit als Opfer, das nicht vollkommen geliebt wurde, und bitten Sie um Hilfe, Ihre Liebenswürdigkeit von Neuem in Anspruch zu nehmen. Zeigen Sie in aller Ehrlichkeit, wie Sie andere verletzt haben, und bitten Sie voller Vertrauen um Vergebung. Sprechen Sie von Ihrer tief empfundenen Sehnsucht, wieder sicher in der Umarmung Dessen zu ruhen, der Sie mit endloser Liebe liebt. Werden Sie still und lauschen Sie auf die Antwort.
    Ein Gespräch von Herz zu Herz.

*Eine Weisheitsübung für Menschen
auf der spirituellen Reise*

Übung 3: Nehmen Sie Ihre wahre Identität in Anspruch

In dem Gleichnis geht es um den Weg eines überheblichen, verirrten und freigelassenen Pubertierenden, der zu einem reifen Leben als Erwachsener findet. Er glaubt den Weg zur unbeschränkten Freude zu kennen, aber tatsächlich verirrt er sich auf schmerzhafte Weise. Die Geschichte endet, als er zögernd seine tatsächliche Zugehörigkeit »in Anspruch nimmt« und »schmeckt«, wer er wirklich ist: ein geliebtes Kind.

Wie meine Kämpfe zeigen, »fühle« ich mich allzu oft nicht als geliebtes Kind Gottes. Aber ich *weiß*, dass dies meine ursprünglichste Identität ist, und ich weiß auch, dass sie über und jenseits von all meinem Zögern steht.

Starke Gefühle, Selbstablehnung, ja Selbsthass treiben Sie vielleicht um, aber wie Sie darauf reagieren, entscheiden Sie selbst. Sie sind *nicht,* was andere oder auch Sie selbst denken. Sie sind *nicht,* was Sie tun. Sie sind *nicht,* was Sie besitzen. Sie sind ein vollwertiges Mitglied der Menschenfamilie, erkannt, schon bevor Sie gezeugt und im Mutterleib gebildet wurden. Wenn Sie sich einmal schlecht fühlen, versuchen Sie der Wahrheit über Ihr Sein treu zu bleiben. Schauen Sie jeden Tag in den Spiegel und nehmen Sie Ihre wahre Identität in Anspruch. Handeln Sie im Vorgriff auf Ihre Gefühle und vertrauen Sie darauf, dass Ihre Gefühle eines Tages Ihren Überzeugungen entsprechen werden. Entscheiden Sie sich jetzt und immer wieder für diese unglaubliche Wahrheit. Machen Sie es zu einer spirituellen Praxis, Ihre ursprüngliche Identität als geliebte Tochter oder geliebter Sohn eines persönlichen Schöpfers in Anspruch zu nehmen.

ZWEITER TEIL

Das unsichtbare Exil der Verbitterung

4
Der ältere Sohn

Wie ich zuvor bereits gesagt habe, wusste ich, dass neben dem Ausreißer auch ein älterer Sohn in mir lebte, der nach Hause zurückkehren musste. Ich glaube, dass der ältere Sohn in der Geschichte vom Verlorenen Sohn jener Gestalt entspricht, die in dem Gemälde rechts vom Vater steht. So lade ich Sie jetzt noch einmal ein, sich selbst in die kleine Mitte zu stellen, wo Sie Ihr ganz eigenes Leben führen, mit Ihrer Familie, mit Freunden, Brüdern und Schwestern auf der ganzen Erde um Sie herum. Und während Sie von diesem Ort her zuhören, reisen Sie mit mir in die Geschichte des Bruders. Den vollständigen Text finden Sie im Lukasevangelium (15,11–32).

Auf dem Weg von der Arbeit auf den Feldern hörte der ältere Bruder die Aufregung.

Als er nachfragte, sagte einer der Diener zu ihm: »Dein Bruder ist gesund und sicher nach Hause zurückgekehrt. Dein Vater hat das Mastkalb schlachten lassen und befohlen, ein Fest vorzubereiten.«

Der ältere Sohn war zornig und weigerte sich, hineinzugehen.

Sein Vater kam aus dem Haus und bat ihn dringend, an dem Fest teilzunehmen.

Aber der junge Mann erwiderte: »So viele Jahre habe ich für dich geschuftet wie ein Sklave und war dir nie ungehorsam. Trotzdem hast du mir nicht einmal ein Zicklein angeboten, damit ich mit meinen Freunden feiern konnte. Und jetzt schlachtest du für deinen Sohn, der heimkommt, nachdem er dein Vermögen verschleudert hat – er und seine liederlichen Frauen – das Mastkalb?«

Der Vater antwortete: »Mein Sohn, du bist immer bei mir. Alles, was ich habe, gehört auch dir. Und es ist richtig, zu feiern und zu jubeln, denn dein Bruder war tot und ist ins Leben zurückgekehrt. Er war verloren und ist wiedergefunden.«

Ich freue mich darauf, mit Ihnen darüber nachzudenken, was ich gelernt habe und lerne über den älteren Bruder und alles, was er in unserem Leben repräsentiert. Sein sichtbarstes Merkmal ist, dass er nicht weggelaufen, sondern zu Hause geblieben ist. Denken Sie gut darüber nach. Dieser junge Mann hat objektiv alles richtig gemacht. Er ist nicht abgehauen, sondern hat schwer gearbeitet und sich um den Besitz seines Vaters gekümmert. Er war gehorsam und pflichtbewusst, hingebungsvoll und treu. Ganz offensichtlich war die Treue seine Gabe. Der Vater hat sich

---

> Wenn wir einen Satz, eine Geschichte oder ein Gleichnis hören, nicht nur um uns anleiten, informieren oder inspirieren zu lassen, sondern um uns in einen wirklich gehorsamen Menschen verwandeln zu lassen, dann bietet uns die Bibel vertrauenswürdige spirituelle Einsichten an. Die tägliche Übung der »lectio divina«, der heiligen Lesung, verwandelt mit der Zeit unsere persönliche Identität, unser Tun und unser gemeinsames Glaubensleben. ... Die Heilige Schrift spricht uns persönlich an, aber das Wissen um die Tradition der christlichen Lehre hilft uns, nicht in die Falle zu tappen, dass wir die Heilige Schrift zur Unterstützung unserer eigenen Pläne gebrauchen.
> *Henri Nouwen*[34]

auf ihn und seine stetige, schwere Arbeit verlassen, um den Besitz zu erhalten. Zweifellos ist der Wohlstand der Familie sein Verdienst.

Aber es ist nicht alles so perfekt, wie es zunächst aussieht. Denn obwohl er zu Hause geblieben ist, sind sein Herz und sein Geist offenbar weite Wege gegangen. Hören Sie genau hin: »So viele Jahre habe ich für dich geschuftet wie ein Sklave und war dir nie ungehorsam. Trotzdem hast du mir nicht einmal ein Zicklein angeboten, damit ich mit meinen Freunden feiern konnte.« Hören Sie seine Gedanken, die auf Verdienst beruhen und nicht auf vertrauter Nähe? Hören Sie seine Bitterkeit und seinen Groll?

Er ist kein glücklicher junger Mann. Er hegt dunkle Gefühle und zornige Gedanken gegenüber demjenigen in der Familie, der sein Erbe geschnappt und weggelaufen ist, um seine egoistischen Bedürfnisse zu befriedigen. Schnell sehen wir, dass die Treue dieses erwachsenen Nesthockers nicht ganz rein ist. Im Gegenteil, sie ist in höchstem Maße aufgeladen. Ich kann mir seinen inneren Monolog in Richtung seines Vaters vorstellen: »Warum um alles in der Welt gibst du diesem wertlosen Nichtsnutz so viel von deinem Geld? Wie konntest du dich dieser Arroganz, dieser Respektlosigkeit beugen? Kapierst du denn nicht, dass er ein Versager ist? Siehst du nicht, dass ich mich hier für dich abschufte, während er loszieht und lauter verachtenswerte Dinge tut? Warum muss ich hier bleiben und arbeiten, während er unser Geld verschleudert, um sich zu amüsieren? Du erwartest nichts von ihm, während du – wie alle anderen – von mir erwartest, dass ich pflichtbewusst bin.«

Es ist bemerkenswert, dass der jüngere Sohn auf spektakuläre Weise verlorengegangen ist. Er war ganz und gar offen, was seine Sehnsucht anging, weit wegzugehen, sich einem ausschweifenden Leben der Gier und Wolllust hinzugeben, sich mit Frauen und Glücksspiel zu amüsieren und schließlich alles zu verlieren, sich selbst eingeschlossen. Sein Weggehen bedeutet auch, dass er ebenso wie alle anderen wusste, dass er verloren war. Und am Ende ging er ebenso offen mit seiner Heimkehr um. Er schien sich seiner Entscheidungen nicht zu schämen und sah offenbar auch keine Notwendigkeit, seinen nichtsnutzigen Lebensstil zu verbergen. Das Erscheinungsbild seiner Familie und sein guter Ruf hatten keine Priorität für ihn.

Andererseits war auch die Geschichte des älteren Sohnes, die an der Oberfläche so rechtschaffen aussieht, alles andere als friedlich. Ja, er war gehorsam, aber sein Handeln war von Verschlossenheit geprägt, und es fehlte jede echte Interaktion mit dem Vater. Sein Verhältnis zum Vater zeigte keine Freiheit, keinen Fluss, keine echte Sicherheit. Hören Sie sich die Worte über seinen jüngeren Bruder genau an: »Dieser Sohn, der heimkommt, nachdem er dein Vermö-

> Seine Familie sucht man sich nicht aus. Sie ist Gottes Geschenk für uns und wir für sie. Wenn wir gekonnt hätten, hätten wir uns vielleicht andere Schwestern und Brüder ausgesucht. Aber zu unserem Glück oder vielleicht auch zu unserem Unglück können wir das nicht. Wir haben sie und sie haben uns. Und ganz gleich wie unser Bruder sein mag, wir werden ihn nicht los. ... Können Sie sich vorstellen, was in der Welt geschehen würde, wenn wir diese Tatsache akzeptierten – dass wir, ob uns das jetzt passt oder nicht, Mitglieder einer einzigen Familie sind?
> *Desmond Tutu*[35]

gen mit liederlichen Frauen verschleudert hat.« Er sagt nicht »mein Bruder«, sondern »dieser Sohn«.

Und der Vater antwortet: »Dein Bruder ist zurückgekehrt.«

Achten Sie darauf: Der Groll des Älteren ist gekennzeichnet durch die Abtrennung von jeglicher Identifikation mit dem jüngeren Bruder. Er ist weit davon entfernt, seinen Bruder als sein eigen Fleisch und Blut anzuerkennen oder auch als denjenigen, mit dem er aufgewachsen ist, mit dem er gespielt hat und eine bedeutsame Geschichte teilt. Nein, er rast innerlich vor Zorn und Verurteilung: »Dieser Sohn ... Ich bin nicht so. Er ist so. Und trotzdem schmeißt du eine große Party für ihn und lädst alle möglichen Leute ein, während ich hier die Schwerstarbeit leiste. Alle anderen Geschwister mit ihren Familien werden kommen und feiern und sich einen wunderschönen Tag machen, ohne jemals zu erfahren, wie viel ich arbeiten musste, um das Ganze überhaupt möglich zu machen. Und wenn sie sich genug unterhalten und genug gefeiert haben, dann machen sie sich aus dem Staub

> Rembrandt spürte dies in seiner tiefsten Bedeutung, wenn er den älteren Sohn abseits von der Fläche des Bodens malte, auf dem der jüngere Sohn vom Vater in Empfang genommen wird. Er stellte nicht das Fest dar, nicht die Leute, die Musik machen und tanzen; sie waren nur äußere Zeichen der Freude des Vaters. ... Statt des Festes malte Rembrandt Licht, das strahlende Licht, das beide, Vater und Sohn, einhüllt. Die Freude, die Rembrandt darstellt, ist die stille Freude, die zum Hause Gottes gehört. ... Der ältere Sohn steht draußen und weigert sich, hineinzugehen. Das Licht auf seinem Gesicht macht klar, dass auch er zum Licht berufen ist, aber er kann nicht gezwungen werden.
> *Henri Nouwen*[36]

4 Der ältere Sohn

und *ich* kann hinter ihnen herräumen, denn *ich* bin ja hier für alles verantwortlich.«

Der Vater hat nie auf die Dunkelheit in seinem ältesten Sohn reagiert, sondern er hat sich ihm jahrelang eher in einem Geist der Zusammenarbeit für das Wohl des Besitzes genähert. »Alles, was ich habe, gehört auch dir«, sagt dieser Vater. Eine wunderbare Nähe wird hier deutlich, eine Zuneigung und Dankbarkeit vonseiten des Vaters für seinen ältesten Sohn. Natürlich ist es für den jungen Mann schwierig gewesen, zu Hause zu bleiben, aber es war auch eine Gelegenheit, mit dem Vater zusammenzuarbeiten und ein gleichberechtigter Mitspieler mit geteilter Verantwortung zu werden. Natürlich gab es Differenzen zwischen den beiden. Wie immer im Leben war es nicht einfach, aber die Partnerschaft bot Möglichkeiten zum Wachstum und gleichzeitig zur Erfüllung. Stattdessen richtete dieser Sohn seinen Blick weg von der privilegierten Partnerschaft und gab dem Groll in seinem Herzen Raum, sodass er immer weniger fähig war, seinen eigenen Platz in der Familie einzunehmen. Kein Wunder, dass er sich nicht in der Lage sah, die Heimkehr seines Bruders zu feiern.

Der Groll ist eines der durchdringendsten Übel in unserer Zeit. Er grassiert geradezu in unserer Gesellschaft. Groll ist sehr schädlich und sehr, sehr zerstörerisch, und Sie und ich sind selten frei davon.

> Das Dazugehören kann die besten Seiten unserer Fähigkeit wecken, andere zu lieben und zu akzeptieren; aber es kann auch zu Wut, Eifersucht, Gewalttätigkeit und zur Verweigerung verleiten.
> *Jean Vanier*[37]

Ich kenne eine wirklich wunderbare Lehrerin, die bei einigen Kindern, die sie unterrichtet hat, geradezu Wunder gewirkt hat. Sie ist erfahren, voller Hingabe und hält einen großartigen Unterricht. Im Umgang mit Gleichaltrigen ist sie jedoch immer geschäftig, immer tätig für andere und veranstaltet einen großen Wirbel um Kleinigkeiten im Zusammenhang mit dem Treffen. Es ist ganz deutlich, dass sie sich als Teil eines gleichberechtigten Kreises nicht wohlfühlt. Sie verwandelt jede Situation mit anderen Menschen in einen Job, indem sie in der Gruppe herumwuselt, Menschen in den Mantel hilft, dafür sorgt, dass jeder etwas zu essen und zu trinken hat, aufräumt, abwäscht ... Aber sie nimmt sich nie die Zeit, sich wirklich zu entspannen, sich anderen zu zeigen oder einfach nur die Zeit zu genießen. Ich höre, was die Leute über sie sagen: »Sie ist so gut, opfert sich immer auf und hilft, damit Dinge erledigt werden.« Die Schwierigkeit ist nur, dass diese Art von Bestätigung ihr nicht erlaubt zu begreifen, dass sie für ein Tun gelobt wird, das nicht aus einem Gefühl der Gleichheit

> Ein Bruder, den ein anderer gekränkt hatte, kam zu Abba Sisoes und sagte zu ihm: »Mein Bruder hat mich tief beleidigt, und ich werde mich an ihm rächen.« Der Weise suchte ihn zu besänftigen und sprach: »Tue es nicht, mein Kind, überlasse Gott die Rache.« Der Bruder aber entgegnete: »Ich werde so lange keine Ruhe geben, bis ich mich gerächt habe.« Da sprach der Weise: »Lass uns beten, Bruder.« Und er erhob sich und sprach: »O Gott, wir bedürfen Deiner nicht mehr, damit Du uns schützt, wir nehmen jetzt selber Rache.« Als der Bruder diese Worte vernahm, fiel er zu Füßen des Weisen nieder und sagte: »Nie wieder werde ich mich mit meinem Bruder streiten. Vergebt mir, Abba.«
> *Henri Nouwen*[38]

in der Gruppe entspringt, sondern möglicherweise aus einem tief sitzenden Groll.

Groll – der Fluch der Pflichtbewussten, der Tugendhaften, der Gehorsamen und schwer Arbeitenden – setzt sich im Menschenherzen fest und richtet dort Verwüstungen an. Deshalb ist es so wichtig, darüber nachzudenken. Wir alle, die wir unser Leben für diejenigen einsetzen, die wir lieben, die wir schwer arbeiten und objektiv viele lobenswerte Tugenden besitzen, wir sind manchmal nicht wirklich frei von der Last des Grolls in unseren Herzen.

Jeder von uns kennt Zorn, und Zorn ist etwas Reales. Wir können ihn nicht einfach ausschalten, und er erfüllt unser Inneres mit zusätzlicher Not. Was können wir also mit unserem Zorn tun? Die Psychologie sagt uns: Wenn wir in Kontakt mit unseren zornigen Gefühlen kommen, sie benennen und vielleicht sogar um uns schlagen, dann verliert der Zorn ein Stück von seiner Macht über uns. Wir werden ermutigt, mit unserem Zorn zu »arbeiten«, die Gründe für unsere Aufregung

> Woher nehmen Menschen den Mut, nicht mehr zerrissen zu leben? ... In der Geschichte von Rosa Parks kann man es auf wunderbare Weise erkennen. Nachdem sie eine Weile vorn in dem Bus gesessen hatte, stieg ein Polizist ein und sagte zu ihr: »Wissen Sie, wenn Sie weiterhin da sitzen, dann müssen wir Sie ins Gefängnis stecken.« Und Rosa Parks erwiderte: »Das dürfen Sie tun«, womit sie auf eine sehr höfliche Weise sagte: »Was bedeutet mir euer Gefängnis aus Steinen und Stahl, verglichen mit dem selbst gewählten Gefängnis, in dem ich vierzig Jahre gesessen habe: dem Gefängnis, aus dem ich gerade ausgebrochen bin, indem ich mich geweigert habe, noch länger mit diesem rassistischen System gemeinsame Sache zu machen?«
> *Parker J. Palmer*[39]

anzusehen und uns mit denen auseinanderzusetzen, die uns verletzen. »Verdammt noch mal! Ich bin wütend auf dich! Aber ich bitte dich, mit mir über das zu sprechen, was passiert ist. Sollen wir jemanden einladen, der uns bei unserem Gespräch hilft? Wie können wir mit diesem Aufruhr zurechtkommen, damit wir gut weiterleben können?« Diese Herangehensweise verhindert, dass sich der Groll überhaupt erst in unserem Herzen einnistet.

Aber wenn wir die zornigen Gefühle in unserem Versuch, fromm zu sein, schlucken und nicht herauslassen, dann staut sich der Groll auf. Wir sind ein bisschen sauer, wissen aber nichts davon. Mit der Zeit baut sich der Zorn in einer gegebenen Beziehung oder Lebenssituation auf und wir werden immer wütender. Das ständige Schlucken negativer Gefühle verdrängt sie ins innere Universum und bemächtigt sich unserer Fähigkeit, auf wirklich liebevolle Weise mit anderen in Beziehung zu treten. Dann wird der heiße Zorn allmählich kalt und lässt sich tief im innersten Herzen nieder. Und auf lange Sicht wird der Groll zu einer Lebenseinstellung.

Groll ist kalt gewordener Zorn, nicht mehr und nicht weniger. Das größte Problem mit dem Groll ist die Tatsache, dass er sehr versteckt und innerlich arbeitet, statt offen zu Tage zu treten. Er hat die Fähigkeit, sich als Heiligkeit darzustellen, was ihn noch viel gefährlicher macht. Groll wohnt tief in unserem Herzen, sitzt in unseren Knochen und unserem Fleisch, ohne dass wir ihn überhaupt bewusst spüren. Wir halten uns für treu und gut, dabei sind wir vielleicht auf eine viel tiefer gehende Weise verloren als jemand, der seinen Zorn offen auslebt. Der jüngere Sohn in der Geschichte geht raus, macht sich zum Narren und kommt dann zurück. Das ist eine ganz eindeutige Bewegung. Der von Groll erfüllte Mensch geht objektiv gar nicht erst verloren, wie soll also seine Rückkehr aussehen? Vielleicht ist es viel schwieriger, den Groll zu heilen als die Ausschweifung.

Der ältere Sohn verkörpert in seiner Reaktion auf seine Lebenssituation etwas sehr Wichtiges. Er lebt ohne Wertschätzung für sein glückliches Geschick und das Versprechen einer sicheren Zukunft als Verantwortlicher für den Landbesitz, er lebt als ein im Wesentlichen frustrierter, zorniger und unglücklicher junger Mann. Er achtet nicht auf die Tatsache, dass er sich vielleicht außerhalb der Sicherheit seines eigenen Zuhauses unsicher fühlt. In der Strenge seines Urteils ist ihm nicht bewusst, dass er vielleicht seinem Vater gegenübertreten müsste, dass er ihn um Geld für eine Reise bitten und sich erst einmal die Welt ansehen müsste. Und er ist womöglich der Einzige, der sein eingefrorenes Lächeln nicht als Maske jenes Zorns durchschaut hat, der all sein Handeln durchdringt.

Derjenige in der Geschichte, der in vielerlei Hinsicht Gutes getan hat, der »gute Sohn«, der ganz anders ist als der »schlechte Sohn«, der zu Hause geblieben ist, schwer gearbeitet hat, dem alten Vater gehorcht hat, der treu war – am Ende ging er doch spirituell ebenso verloren wie der Jüngere, der davonlief und sein Erbe verschleuderte. Aber er ging auf eine andere, viel kompliziertere Weise verloren. Der Jüngere hat sich der Ausschweifung hingegeben, der Ältere war mit seinem Groll emotional weit weg von zu Hause.

Wie könnte seine Heimkehr aussehen? Was, wenn er einen Durchbruch erleben würde und sagen würde: »Ich bin froh, dass ich immer gehorcht und auf dich gehört habe, dass ich deinen Wünschen nie ungehorsam war. Es war schwierig, aber ich habe so viel dabei gelernt und sehe jetzt, wie fruchtbar unsere Zusammenarbeit gewesen ist.« Ich kann mir nur vorstellen, wie anders er sein Leben angehen würde. Am Ende der Geschichte ist er immer noch angefüllt mit zorniger Tugend, aber es besteht auch Hoffnung auf eine Heimkehr.

Hören

Nehmen Sie sich an Ihrem Ort der Ruhe einen Augenblick, um die Stille, die Sie außen spüren und die in Ihnen ist, einzuatmen und den Lärm, der in Ihnen ist und der Sie umgibt, auszuatmen.

Richten Sie Ihre Aufmerksamkeit allmählich auf den älteren Sohn in dem Gleichnis. Hören Sie auf Ihre Gedanken, während Sie ihn betrachten.

> Eine Ruhezeit ... ist spirituell und biologisch notwendig. Schlafmangel führt zur Verwirrung und zum Verfall der Lebenskraft.
> *Wayne Muller*[40]

Was sagen Ihnen seine Worte und sein Schweigen? Denken Sie darüber nach, ob die Bitterkeit in seinem Herzen etwas in Ihrem eigenen Herzen berührt. Führen Sie mit ihm ein Gespräch und entdecken Sie, wie er denkt und fühlt. Hören Sie zu und seien Sie offen für die Ähnlichkeiten zwischen Ihnen und ihm.

Aufschreiben

Beginnen Sie damit, dass Sie alles in dem Gemälde von Rembrandt auflisten, was den älteren Bruder von den anderen Menschen aus dem Gleichnis unterscheidet. Halten Sie inne. Jetzt wenden Sie sich wieder Kapitel vier zu und vervollständigen Sie Ihre Liste mit allen anderen Erkenntnissen über ihn. Halten Sie wieder inne. Lesen Sie die Liste langsam durch, Punkt für Punkt, aus der Position *Ihres* verborgenen inneren Lebens. Listen Sie Merkmale auf, die Eigenschaften des älteren Sohnes spiegeln. Gehen Sie das Wagnis ein, sich ehrlich, ohne Panzer und Furcht vor der Wahrheit anzuschauen. Schreiben Sie auf, was Sie in sich selbst sehen und wie Sie sich dabei fühlen.

Sich-Verbinden

Geben Sie sich selbst preis. Sprechen Sie mit der Gegenwart der Liebe in Ihnen langsam über alles, was Sie aufgeschrieben haben. Geben Sie alles Punkt für Punkt in die Hände, die Sie halten. Danken Sie für das, was Sie über sich selbst und über die geschenkte Liebe lernen, die Sie sich nicht verdienen müssen. Bitten Sie um die Kraft, sich des verborgenen Exils Ihrer Selbstgerechtigkeit und Ihres richtenden Geistes immer mehr bewusst zu werden. Bitten Sie um Weisheit und Mut. Lauschen Sie auf die Antwort.

Ein Gespräch von Herz zu Herz.

*Eine Weisheitsübung für Menschen
auf der spirituellen Reise*

Übung 4: Lieben Sie diejenigen, die anders sind

Der Groll hindert den erstgeborenen Sohn daran, sich mit seinem jüngeren Bruder zu identifizieren. Empört spricht er zu seinem Vater von »diesem Sohn«. Der liebende Vater, der keines seiner Kinder verurteilt, erinnert den Älteren sanft an seine wichtige Verbindung mit dem Jüngeren:

Dein Bruder war verloren.

Ich höre die Botschaft, dass ich ein geliebtes Kind bin. Es ist Zeit für mich, meine Freundschaft nicht mehr nur meinen Freunden anzubieten und meinen »Feinden« die Liebe nicht mehr zu entziehen. Ich will mich jetzt auf den Weg machen, viele echte Schwestern und Brüder kennenlernen, weil ich erkenne, dass ich schändlich gehandelt und mein Zuhause ebenfalls verlassen habe. Ich will dem Vater im Gleichnis ähnlicher werden.

Jesus lehrt uns in der Bergpredigt, wir sollen unsere Feinde lieben. Rational gesehen ergibt das überhaupt keinen Sinn, denn ein Feind ist per definitionem jemand, den wir nicht lieben. Aber Jesus hat diese Weisheit nicht nur ausgesprochen, er hat sie gelebt. Als seine Jünger versuchen wir, seiner Lehre zu folgen und uns selbst als Brüder und Schwestern in einer menschlichen Familie zu sehen, nicht besser und nicht schlechter als jeder andere. Wir wollen auf das Leben Jesu schauen und die Bedeutung seiner Lehre für schwierige Beziehungen kennenlernen.

»Tut Gutes denen, die euch hassen. Segnet die, die euch verfluchen, und betet für die, die euch verleumden ... Wie ihr wollt, dass euch die Leute tun, ebenso sollt auch ihr ihnen tun. Wenn ihr die liebt, die euch lieben, welchen Dank habt ihr da? Denn auch die Sünder lieben die, von denen sie geliebt werden ... Vielmehr liebt eure Feinde, tut Gutes und leiht, ohne etwas zurückzuerwarten. Dann wird euer Lohn groß sein und ihr werdet Söhne des Höchsten sein; denn er ist gütig gegen die Undankbaren und Bösen.«
Lukasevangelium, aus dem 6. Kapitel

5

Das verborgene Exil des Grolls

Einmal, als ich mit einem Freund über das Gleichnis sprach, vertraute ich ihm an, dass ich manchmal einen verzweifelten Drang spürte, in ein Leben der Hemmungslosigkeit und Freiheit von allen Verpflichtungen zu fliehen. Ich bekannte, dass ich mich wie der verlorene Sohn danach sehnte, auszubrechen, wegzulaufen von den Orten, wo man mich kennt, und in ein fremdes Land zu fliehen, wo ich mich gehen lassen kann.

Ich erinnere mich, dass mein Freund mich ansah und mit großem Mitgefühl zu mir sagte: »Henri, es kann ja sein, dass du das gleiche Problem hast wie der junge Ausreißer in der Geschichte, aber wenn ich hier so sitze und dir zuhöre, frage ich mich, ob du nicht viel mehr dem älteren Sohn ähnelst.« Ich war schockiert. Solange ich die Geschichte las, hatte ich den älteren Bruder kaum jemals richtig bemerkt und eine Identifikation mit ihm für ganz und gar unmöglich gehalten. Aber die Beobachtung meines Freundes öffnete mir eine Tür und gestattete es mir, ganz neue Fragen anzugehen, ausgehend von dem Menschen, der gehorsam, pflichtbewusst, eben der

> Abba Poemen sprach: »Der eine Mensch verhält sich anscheinend schweigsam, übt jedoch in seinem Innern Kritik an anderen. In Wahrheit redet ein solcher Mensch unentwegt.«
> *Henri Nouwen*[41]

älteste Sohn in der Familie war. Mein Identifikationsprozess mit dieser Person wurde tatsächlich zu einer Quelle neuer, wichtiger und schmerzvoller Erinnerungen, aber auch neuer Verbindungen zu meinem Leben, angefangen mit meiner Ursprungsfamilie.

Mein Vater war eins von elf Kindern, die bis auf eine Tochter alle heirateten. Wie in vielen Familien zu dieser Zeit lagen ausgesprochene und unausgesprochene Erwartungen auf der unverheirateten Tochter, die zu Hause blieb. Ich höre heute noch meine Tante, die immer wieder sagte, sie hätte ihr Leben geopfert, um die alte Mutter zu versorgen, und für mich war deutlich, das war ein ehrenhaftes Handeln. Trotzdem hatte ich den Eindruck, sie war nicht glücklich damit. Heute weiß ich, dass sie eine sehr intelligente, ausdrucksfähige Frau war, und mir ist klar, dass sie viele Gründe hatte, wütend zu sein. Ich glaube auch, sie schluckte ihren Ärger immer weiter hinunter, je länger die Situation andauerte. Äußerlich versuchte sie freundlich damit umzugehen, aber inzwischen konnten die meisten von uns erkennen, dass sie sich dabei nicht gut fühlte. Der Groll wuchs in ihr, weil sie in dieser Zeit wenig Möglichkeiten hatte, sich auszudrücken oder sich auf ihrer einsamen Reise helfen zu lassen. Wir wussten es alle, aber niemand bot ihr ein Ventil an, damit sie einmal sagen konnte: »Ja,

> Die Kunst einer Trapeztruppe entsteht aus der gemeinsamen Bemühung, etwas zu erschaffen, was von fließender und zerbrechlicher Schönheit ist. Sie kennt die Gefahr, aber keine Gewalt, kennt den Mut, aber keine Eroberung, das Streben nach Exzellenz, aber keinen Wettstreit und die Freude an der Leistung, aber keinen Sieg.
> *Sam Keen*[42]

ich fühle mich gebraucht, aber auch missbraucht, und ich bin stinksauer. Ihr seid beschäftigt und findet Erfüllung darin, und ihr hört mir nie richtig zu. Habt ihr euch schon mal Gedanken darüber gemacht, wie schwer mein Leben ist und wie müde ich bin? Seid ihr euch eigentlich im Klaren darüber, dass ich kein Privatleben, kein eigenes Leben habe? Könnt ihr nicht sehen, dass ich erschöpft, mitgenommen, frustriert und wütend bin?«

Einerseits war meine Tante eine großzügige Frau, andererseits brachte sie ein dermaßen großes Opfer, dass sie irgendwann anfing, unter ihrem aufgestauten Groll zu leiden. Sie war ihr ganzes Leben lang nur dabei, zu geben, und wir alle wussten, sie war entschlossen, bis zum Tod ihrer Mutter so weiterzumachen. Ich erinnere mich, dass Familienmitglieder sagten: »Schaut doch nur, wie Tante Clara das alles macht, ist das nicht wunderbar?« Sie erfüllte die Erwartungen der Familie, aber dabei fühlte sie sich verzweifelt und isoliert angesichts ihres Schicksals. Ich glaube, sie war nicht offen dafür oder in der Lage dazu, Menschen zu finden, die ihr hätten helfen können, mit ihrem Mangel an Freiheit und ihrem Gefühl, ausgenutzt zu werden, klarzukommen. Damals verachtete ich meine Tante,

> Von einem Soldaten wurde Abba Mios gefragt, ob Gott einem Sünder vergeben werde. Der Weise belehrte ihn in aller Ausführlichkeit und stellte ihm zuletzt eine Gegenfrage: »Sage mir, mein Lieber, würdest du deinen Mantel wegwerfen, wenn er an einer Stelle schadhaft geworden ist?« – »Aber nein«, erwiderte der Soldat, »ich würde ihn flicken und weiter anziehen.« Der Weise erwiderte: »Wenn du deinen Mantel so sorgfältig behandelst – sollte Gott dann seinem eigenen Geschöpf nicht gnädig sein?«
> *Henri Nouwen*[43]

heute empfinde ich tiefes Mitgefühl mit ihr und mit all den Jahren, die sie mit meiner Großmutter zusammenlebte.

Außerdem identifiziere ich mich persönlich mit ihr, wie ich mich auch mit diesem älteren Bruder in der Geschichte identifiziere, weil ich erkenne, wie sich auch in mir mit der Zeit der Groll aufgestaut hat. Ich bin der älteste Sohn meiner Familie, und ich habe den Verdacht, dass der Groll seit meinem Studium einen Teil meines Herzens besetzt hält, vor allem in der Beziehung mit meinem Vater. Er erreichte seine Ziele spät im Leben, als er ein erfolgreicher Juraprofessor wurde, und bei seinem Hintergrund war sein Aufstieg zu dieser Zeit eher ungewöhnlich. Mein Vater war hochintelligent und funktionierte gut in einer Welt, die vom Wettbewerb geprägt war. Ich als ältester Sohn der Familie schien darauf programmiert, zu glauben, ich müsste mindestens so gut sein wie mein Vater. Und damit begann eine Art

> Danke, Herr, für das Geschenk meines bisherigen Lebens. Danke für deine Unterweisung in diesem Gleichnis, das mir neue Möglichkeiten für mein eigenes Leben eröffnet. Sende mir deinen liebenden Geist der Weisheit, der mir hilft, zuzuhören und meine Abneigungen mit denen des älteren Sohnes zu vergleichen. Zeig mir die Zeichen meines verborgenen Exils außerhalb der Fülle, meiner Selbstgerechtigkeit und meiner Verurteilungen. Hilf mir, furchtlos und ernsthaft darüber nachzudenken, wie ich mit meinem Zorn und meiner Furcht umgehen kann. Ich wünsche mir, in der Liebe und Annahme all meiner Brüder und Schwestern und auch meiner selbst zu wachsen, so wie ich bin. Aber ich brauche Weisheit, Stärke und Mut. Bitte komm zu mir und bleib in meiner Nähe.
> *Aus den Tonbandaufzeichnungen des Workshops mit Henri Nouwen*

lebenslangen Wettstreits mit Blick auf unsere beruflichen Werdegänge, aber auch mit Blick auf so ziemlich alles andere. Als ich mich dazu entschloss, Priester zu werden, begann er Theologievorlesungen zu besuchen. Als ich mich der Psychologie zuwandte, begann er sich auch mit diesem Fach zu beschäftigen. In der Art, wie er mich befragte und herausforderte, spürte ich, er kämpfte mit mir um das letzte Wort in dieser Sache. Einerseits war mein Vater ein sehr liebevoller Mensch, andererseits war es, als würde er mir meistens antworten: »Das hätte ich dir schon längst sagen können.«

Diese Beobachtung bezog sich nur auf meinen Vater und mich und frustrierte mich, weil er sich meinen Geschwistern gegenüber nicht so verhielt. Ich war oft zornig, schluckte meinen Zorn aber hinunter und sprach mit niemandem darüber. Heute kann ich darüber sprechen, aber als ich mittendrin steckte, behielt ich es für mich, weil ich dachte, ich müsste mich so verhalten. Es kam mir nicht so richtig zu Bewusstsein, aber die Beziehung zwischen uns war auch nicht frei oder fließend, und heute weiß ich, dass der Groll bereits in mir arbeitete.

Heute weiß ich auch, dass mein Herz sich seit meiner Kindheit sehr nach Nähe sehnte, und ich habe immer so gelebt, als müsste ich sie mir verdienen. Da ich nicht beanspruchen konnte, was ich ersehnte und was mir eigentlich so reichlich zur Verfügung stand, arbeitete ich schwer daran, mir die Liebe zu verdienen, von der ich glaubte, sie zum Leben zu brauchen. Und so identifiziere ich mich in vielerlei Hinsicht mit der Erfahrung des älteren Sohnes, der ebenfalls diesem Muster folgt: arbeiten, um Liebe zu verdienen.

Als es Zeit wurde, von zu Hause wegzugehen, ging ich mit fröhlichem Herzen, nahm mir aber auch ganz bewusst die Zeit, die Verbindung aufrechtzuerhalten, den Erwartungen meiner Eltern zu entsprechen und mich zu vergewissern, dass die Familie weit oben auf meiner Prioritätenliste stand. Ich entschied mich für das, was »richtig« war, und deshalb verstehe ich das Gefühl des Grolls. Meine jüngeren Geschwister waren ganz anders als ich. Sie gingen mit einem viel freieren Gefühl weg von zu Hause, um ihre Ziele zu verfolgen. Einer meiner Brüder geriet in eine unglaubliche Krise, und er tat etwas, was ich nie fertig gebracht hätte: Er legte meinem Vater das Ganze sozusagen vor die Füße. Ich erinnere mich, wie er alles mit meinem Vater besprach, wirklich alles, mitten in einer katastrophalen Krise. Und da saßen die beiden, in einer liebevollen Nähe miteinander verbunden wie zwei Brüder. Mein Vater sprach ungeheuer liebevoll über ihn und schien überhaupt kein Bedürfnis zu haben, sich mit ihm zu messen. Sie können sich vorstellen, dass ich es da-

> Oft ist das Lesen für uns ein Sammeln von Informationen, neuen Einsichten und Wissen, das Meistern eines neuen Gebiets. Es kann uns zu Schulabschlüssen, Diplomen und Zeugnissen führen. Geistliches Lesen jedoch ist anders. Hier ist nicht einfach das Lesen über spirituelle Dinge gemeint, sondern ein Lesen, das auf spirituelle Weise vor sich geht. ... Wenn wir auf spirituelle Weise über spirituelle Dinge lesen, öffnen wir unser Herz für Gottes Stimme. Manchmal müssen wir bereit sein, das Buch sinken zu lassen, in dem wir lesen, und einfach zuzuhören, was Gott uns durch die Worte sagen will.
> *Henri Nouwen*[44]

mit nicht leicht hatte, aber da ich ein frommer Mensch war, schluckte ich alles und sprach nicht darüber. Heute kann ich sagen, dass meine Treue nicht auf freiem Willen beruhte und eigentlich nur wenig mit Frömmigkeit zu tun hatte. Trotz meiner Angst klammerte ich mich an den sicheren Weg: gut auszusehen und innerlich unfrei zu sein, eine entspannte Beziehung zu führen. Außerdem hegte ich neidische und bittere Gefühle meinen Geschwistern gegenüber, die so viel freier agieren konnten als ich, und das hatte einen tiefgreifenden Einfluss auf mein gesamtes Verhältnis zu ihnen. Erst heute erkenne ich, dass ich zwar die Vergangenheit nicht zu ändern vermag, dass ich aber die individuellen Geschichten respektieren und meine eigene Freiheit im Verhältnis zu meiner Familie in Anspruch nehmen kann.

Ich berichte von diesen persönlichen Kämpfen nur, um zu zeigen, wie schwer es für mich war, meinem einzigartigen Platz als ältester Sohn meiner Familie zu vertrauen. Ich habe offenbar mein Leben damit verbracht, mich selbst davon zu überzeugen, dass die Ethik des Arbeitens, um Liebe zu verdienen, einem guten Leben entspricht. Aber dieses Bild von meinem Leben ist durch und durch erschüttert worden, und meine Ideale liegen in Scherben. Ich höre mich jammern: »Warum passieren all diese verdammten Dinge immer wieder in mir und um mich herum, warum kann ich mein Ideal nicht

> Ich habe durch bittere Erfahrungen die eine, wichtigste Lektion gelernt: meinen Zorn aufzusparen. Und so wie aufgesparte Hitze in Energie verwandelt wird, so kann auch ein kontrollierter Zorn in eine Kraft verwandelt werden, die die Welt bewegen kann.
> *Mohandas Gandhi*

leben?« Persönliches Scheitern, Familientragödien, finanzielle Probleme, historische Katastrophen und politische Enttäuschungen erschütterten nacheinander mein Idealbild vom Leben und bereiteten mir Kummer. Und in all diesen Enttäuschungen schluckte ich weiter meinen Zorn hinunter und räumte dem Groll ein perfektes Zuhause in meinem Herzen ein.

Der Freund, der mich dazu einlud, mir den älteren Bruder genauer anzusehen, verhalf mir zu der Erkenntnis, dass auch dieser Mensch in mir lebt, und deshalb verstehe ich seine Erfahrung heute von innen heraus. Das älteste Kind in dem Gleichnis glaubte, es müsse sich die Liebe des Vaters verdienen. »Ich habe dies und das für dich getan, und du hast mich nicht anerkannt. Du hast mir nichts dafür gegeben.« Es sieht seine Beziehung zum Vater wie die eines Sklaven oder Arbeiters zu seinem Herrn oder Chef. Ich habe diese verdrehte Logik auch gelebt, und ich weiß, dass ich damit meinen Vater verletzt und seinen Zorn hervorgerufen habe. »Hast du tatsächlich irgendein kleines Geschenk von mir erwartet, als Beweis meiner Liebe zu dir? Warum schaust du mich nicht an und vertraust darauf, dass ich mich schon vor deiner Geburt auf dich gefreut habe? Weißt du denn nicht, dass du mein Fleisch und Blut bist, dass ich dich

> Ihr, die ihr im Schutz des Höchsten lebt und im Schatten des Allmächtigen ruht, werdet zum Herrn sagen: »O Herr, du bist meine Zuflucht, auf dich vertraue ich. ... Du wirst mich unter deinen Flügeln verstecken, unter deinen Schwingen finde ich Sicherheit. ... Ich werde den Schrecken der Nacht nicht fürchten und nicht den Pfeil, der am Tag fliegt, nicht die Krankheit, die in der Dunkelheit lauert und nicht die Plage des Mittags. Tausend mögen neben mir fallen, zehn-

gut kenne und innig liebe? Kannst du nicht einmal sehen, dass meine Liebe nichts damit zu tun hat, ob du schwer arbeitest oder nicht? Ob du zu Hause bleibst oder nicht, für mich schuftest oder nicht? Ich liebe dich, weil du mein erstgeborenes Kind bist. Du musst dir bei mir keine Punkte verdienen und hinterher mit einer kleinen Party belohnt werden. Der bloße Gedanke, du müsstest es dir verdienen, mein Sohn zu sein, verletzt mich. Du *bist* mein Sohn, und ich liebe dich!«

tausend zu meiner Rechten, aber all das wird mich nicht treffen. ... Denn ich habe mein Zuhause beim Höchsten, und kein Übel wird mich erreichen. ... Denn Gott wird den Engeln befehlen, mich auf all meinen Wegen zu beschützen. Sie werden mich auf Händen tragen. ...« – »Die mich lieben, werde ich retten«, sagt der Herr. »Die meinen Namen kennen, werde ich schützen. Wenn sie mich rufen, werde ich Antwort geben, und ich werde in allen Schwierigkeiten bei ihnen sein. Ich werde sie retten und in Ehren halten. Mit langem Leben werde ich sie satt machen und ihnen meine Erlösung zeigen.«
Nach Psalm 91

Es ist seltsam, dass das Bedürfnis, mir Liebe zu verdienen, in mir nicht sterben mag, obwohl es mir immer schwerer fällt, mein Leben ohne Bitterkeit zu führen, je mehr ich mich daran klammere. Anscheinend kann ich nicht aufhören, schwer zu arbeiten, um irgendetwas zu beweisen, und dann nach einer rationalen Erklärung zu suchen, damit ich verstehe. »Warum behandelst du mich so?« – »Was kann ich noch tun, um zu beweisen, dass ich mehr verdiene?« – »Warum muss ich in dieser Beziehung so schwer arbeiten?« Ich verstehe einfach nicht, warum die Menschen nicht zu schätzen wissen, wie hart ich daran arbeite, »etwas wert« zu sein.

Meine Identifikation mit dem älteren Sohn hat mir klargemacht, was für ein enormer spiritueller Unterschied da besteht: Auf der einen Seite meine lebenslange Arbeit, um mir die Gleichheit, Liebe und Freundschaft zu verdienen, die ich in meinen wichtigsten Beziehungen brauche. Und auf der anderen Seite ein Leben in diesen Beziehungen, aus Dankbarkeit für die grenzenlosen, geschenkten Gaben, die ein Leben lang auf mich herniederregnen. In der ersten Haltung zerstört meine Weigerung, zu akzeptieren, dass ich bereits liebenswert bin, alles Vertrauen und nagt an meinem Herzen. In der zweiten Haltung werden meine Schwierigkeiten zu Gelegenheiten, noch mehr darauf zu vertrauen, dass die Liebe mich in eine reife Menschlichkeit führen wird. Ich habe die Fähigkeit, von zwei unterschiedlichen Ausgangspunkten meine Schwierigkeiten in Beziehungen anzugehen; ich muss mich nur für einen Ausgangspunkt entscheiden. Ich kann sagen: »Schau doch mal, Gott, wie ich für dich arbeite. Findest du nicht, du solltest mich endlich mal lieben?« Oder ich könnte sagen: »O liebender Schöpfer, vielen Dank, dass du mir das Leben und deine bedingungslose Liebe geschenkt hast. Hilf mir, dir immer dankbar zu sein für deine Großzügigkeit und darauf zu vertrauen, dass du immer bei mir bist, um mir zu helfen, die Menschen zu lieben.« Entweder bin ich das Opfer der Grausamkeit anderer Menschen, oder mein Schmerz wird zum Anstoß für meine Verwandlung. Dieser Unterschied und meine Freiheit gestalten die Entfaltung meines spirituellen Lebens. Indem ich mich für den Blickwinkel der Liebe entscheide, die immer in mir gegenwärtig ist, gründe ich mich selbst im Leiden in meiner Identität als geliebter Sohn Gottes. Und das ist der Weg zu einer immer größeren Freiheit und Vertrautheit mit der ersten Liebe, mit Dem, der sich für mich entschieden hat, noch bevor ich geboren wurde.

An einer früheren Stelle in diesem Buch habe ich mit Ihnen über den Unterschied zwischen der ersten Liebe und allen anderen Weisen der Liebe im spirituellen Leben nachgedacht. An diesem Punkt auf meiner spirituellen Reise entscheide ich mich für die erste Liebe, unabhängig davon, was ich tue, was ich besitze oder was andere von mir denken. Ich bin ein geliebter Sohn Gottes, geliebt seit Anbeginn aller Zeit. Diese Wahrheit für mich in Anspruch zu nehmen – dieser inneren Aufgabe widme ich mich heute, und sie lässt mich erkennen, dass ich die Störungen im Leben aus einem anderen Blickwinkel betrachten muss. Das ist eine radikale Veränderung für mich, verbunden mit einer fast ununterbrochenen Anstrengung, meinen Widerstand gegen die alten Muster aufzugeben. Deshalb habe ich mir die Zeit genommen, über diese Einladung nachzudenken, möglichst oft dankbar und bittend zu beten und mir für meine Aufgabe die nötige Hilfe und Unterstützung zu suchen.

Hören

Nehmen Sie sich Zeit, tief durchzuatmen und sich zu beruhigen. Gehen Sie zurück in Ihre Identifikation mit dem Menschen, der von Groll erfüllt ist. Hören Sie zu und akzeptieren Sie, dass Sie versuchen, pflichtbewusst zu sein. Laden Sie Ihr Herz dazu ein, über Ihr Gefühl der

Unzulänglichkeit zu sprechen. Hören Sie zu und stellen Sie fest, wem Sie die Macht gegeben haben, Sie zornig zu machen und Sie als Geisel in zornigen Gefühlen zu halten. Verweilen Sie dabei, lauschen Sie und nehmen Sie sich Zeit, Ihrem Herzen zuzuhören, bis es alles gesagt hat.

Versuchen Sie zu sehen, ob es nicht auch einen sehnsüchtigen Schrei in Ihrem Herzen gibt: »Ich bin eine Schwester. Ich bin ein Bruder. Ich bin nicht besser oder schlechter als irgendjemand sonst.« Hören Sie diesen Schrei als echten Ruf, sich selbst als vollwertiges Mitglied der menschlichen Familie anzunehmen. Hören Sie auf Ihr wahres Herz. Es sagt Ihnen, dass Sie ein kostbarer, geschätzter Mensch sind, einer von vielen wunderbaren Menschen, die suchen und kämpfen wie Sie und die eines Tages sterben werden wie Sie. Hören Sie zu und versuchen Sie die Tiefen Ihrer Wahrheit auszuloten.

Aufschreiben

Versuchen Sie, den inneren Dialog in Worte zu fassen, der sich während des Hörens entfaltete. Vielleicht möchten Sie einige Menschen oder Ereignisse, die Ihr Bild von sich selbst als »genügend« zerstört haben, genauer betrachten. Gönnen Sie sich die Freiheit, die Last zum Ausdruck zu bringen, die Sie auf Ihrem Rücken tragen.

Gehen Sie langsam daran, Ihre Einsichten in die Wahrheit Ihres erstaunlichen Lebens aufzuschreiben. An diesem heiligen Ort können Sie sich fragen, wie Sie die Wahrheit wiederfinden, und sich von dem Gefühl der Unzulänglichkeit verabschieden. Schreiben Sie Ihre Dankbarkeit auf für die herrlichen Gaben, die auf Sie herniederregnen, solange Sie leben. Und schreiben Sie schließlich von Ihrer Sehnsucht, ganz und gar Ihre eigene Schönheit zu erkennen und zu leben.

Sich-Verbinden

Bleiben Sie hier und jetzt verbunden mit der Gegenwart des Heiligen in Ihnen. Sprechen Sie über alles, was Sie gehört und aufgeschrieben haben. Bitten Sie darum, die Worte Jesu im Herzen zu behalten: »Mein Vater und ich werden zu dir kommen, und wir werden in dir wohnen« (vgl. Johannes 14,23). Bitten Sie um die Kraft, zu glauben, sich zu Hause zu fühlen in der Gegenwart der Liebe und von diesem heiligen Ort her zu leben. Sprechen Sie aus, was Sie fühlen, und lauschen Sie auf die Antwort.

Ein Gespräch von Herz zu Herz.

Eine Weisheitsübung für Menschen
auf der spirituellen Reise

Übung 5: Schließen Sie Freundschaft mit den Armen

In dem Gleichnis gibt es zwei sehr unterschiedliche Blicke auf den jungen Ausreißer: Der ältere Sohn ist empört und zerstört die Bande der Verwandtschaft mit dem jüngeren Bruder. Der verzweifelte Vater hingegen hat nie die Hoffnung verloren, sein geliebtes Kind könnte zurückkehren. Der Sohn hat seine Illusion einer perfekten Welt beibehalten und seinem Bruder die Erlaubnis verwehrt, etwas auszuprobieren oder zu scheitern. Der Vater mit seiner größeren Lebenserfahrung hat das Geheimnis menschlichen Leidens mit Mitgefühl und Zärtlichkeit akzeptiert.

In der Arche-Gemeinschaft in Daybreak war ich am Anfang begeistert von einer Umgebung, die es akzeptierte, dass Menschen mit Behinderungen ihr Leben nicht vollkommen im Griff hatten. Aber es dauerte nicht lange, dann ging mein Leben zu Bruch und ich funktionierte auf einmal überhaupt nicht mehr. Einige der schwächsten Mitglieder dieser Gemeinschaft überhäuften mich geradezu mit innigen Gebeten und Gesten der Liebe. Ein paar legten mir sanft die Hand auf die Schulter und sagten: »Mach dir keine Sorgen, Henri, das wird schon wieder.« Als ich in meiner schwächsten Stunde das Fließen dieser echten Zärtlichkeit spürte, begann ich die Worte Jesu zu durchdringen: »Selig sind die Armen.«

Denken Sie darüber nach, als spirituelle Praxis eine echte Beziehung mit einem Menschen aufzunehmen, der sichtbar am Rande steht. Sehen Sie über seltsames Verhalten, einen fremdartigen Humor oder einen zerbrochenen Körper hinweg und bieten Sie diesem Menschen eine Freundschaft auf Gegenseitigkeit an. Gehen Sie über Ihre Angst, über das Bedürfnis, Gutes zu tun, über alle Kontrolle in der Beziehung hinaus und entdecken Sie hinter der Behinderung oder Einschränkung eine kostbare Schwester, einen kostbaren Bruder. Vielleicht überrascht Sie Ihr seltsamer Freund, Ihre seltsame Freundin mit dem Gefühl, dass auch Sie wirklich liebenswert und gesegnet sind, so wie Sie eben sind.

6
Heimkehr in die Dankbarkeit

Der Weg heraus aus dem Groll braucht ein positives Ziel. Und dieses Ziel ist die Dankbarkeit. Warum? Weil Dankbarkeit das Gegenteil von Groll ist und weil die Dankbarkeit uns aus einer Welt des Verdienens und Bezahltwerdens herausholt.

Hören Sie auf das, was Jesus zu Petrus sagt: »Als du jung warst, hast du dich gegürtet und bist gegangen, wohin du gehen wolltest. Im Alter wirst du deine Hand ausstrecken, und ein anderer wird dich gürten und dich führen, wohin du nicht willst« (Johannes 21,18). Jesus widerspricht jeder psychologischen Lehre. Die Welt geht davon aus, dass wir in der Jugend abhängig sind und dass uns andere sagen, was wir zu tun haben, während wir als ältere Erwachsene endlich unseren eigenen Weg gehen können, unabhängig sind und tun, was wir wollen.

> Die erste Regel ist ganz einfach diese:
> Leb dein Leben und tu alles in einem Geist der Dankbarkeit.
> Lass all Versuche beiseite, Sicherheit zu erwerben, denn sie nützen dir nichts.
> Gib die Suche nach Wohlstand auf, sie führt zur Erniedrigung.
> Gib die Suche nach Erlösung auf, sie führt zur Selbstsucht.
> Und komm zur Ruhe in der Gewissheit, dass alle, die an diesem Leben in einer Haltung der Dankbarkeit teilnehmen, seine Verheißungen in Fülle genießen werden.
> *John McQuiston II*[45]

Jesus aber nimmt uns mit auf einen neuen Weg, der das Gegenteil dieser oberflächlichen Lebensweise darstellt. Er sagt: »Als du noch neu auf dem spirituellen Weg warst, hattest du alles unter Kontrolle und hast selbst entschieden, was du glaubtest oder nicht glaubtest. Aber wenn du älter und spirituell reifer wirst, musst du den Menschen um dich herum gestatten, dich zu gürten und dorthin zu führen, wo du lieber nicht gehen würdest!« Der Weg Jesu führt in eine vertraute Nähe zum Göttlichen, die das Wachstum treuer, bedingungsloser Liebe in unseren wichtigsten Beziehungen fördert und uns zu einer respektvollen Sorge für diejenigen außerhalb unseres innersten Kreises bringt, mit denen wir in der Menschenfamilie verbunden sind. »Liebt eure Feinde« ist eine schwierige Forderung, aber sie führt uns zurück aus der Zerstörung durch den Groll in die Freude der Dankbarkeit. Das Bedürfnis aufgeben, Familienmitglieder, Kollegen und Freunde zu kontrollieren und zu dominieren, ist der »Weg, die Wahrheit und das Leben«, von denen Jesus spricht. Jesus fordert uns liebevoll heraus, indem

> Adam war einer meiner ersten Hausgenossen, als ich in die »Arche« Daybreak kam. Er war der Erste, für den ich zu sorgen hatte, als ich mich der Arche-Gemeinschaft in Toronto anschloss ... Adam war mein Freund, mein Lehrer und mein Wegbegleiter: Ein ungewöhnlicher Freund, denn er konnte Liebe und Zuneigung nicht so ausdrücken, wie es die meisten tun; ein ungewöhnlicher Lehrer, denn er konnte über Ideen und Begriffe nicht reflektieren; ein ungewöhnlicher Wegbegleiter, denn er konnte mir keine konkreten Hinweise oder Ratschläge geben. ... Adams Tod traf mich tief, denn mehr als viele Bücher oder Professoren führte er mich zum Menschen Jesus.
>
> *Henri Nouwen*[46]

er sagt: »Gib es auf, Ereignisse und Menschen formen und kontrollieren zu wollen, lass dich darauf ein, gegürtet und geführt zu werden.«

Seine Einladung ist eine Aufforderung, Sicherheitszonen in Beziehungen aufzugeben, uns verletzlich und abhängig zu machen und der Stimme bedingungsloser Liebe zu gehorchen. Das bedeutet ein Leben in Dankbarkeit und in einer intimen Solidarität mit Brüdern und Schwestern in der Menschenfamilie. Diese Identifikation mit Menschen, die so anders sind als wir selbst, ist wunderbar, aber auch sehr schwierig, denn statt in diesen Beziehungen Kontrolle auszuüben, öffnen wir uns für eine unbekannte Zukunft, die viele Überraschungen bereithält. Solidarität mit anderen verlangt von uns Änderungen in unserer Haltung, Annahme von Unterschieden und das stetige Bemühen, demütig und respektvoll mit ihnen zu leben. Sie fordert von uns, unsere Selbstgerechtigkeit abzulegen und in unseren Beziehungen Gleichheit zu leben.

Wer ist es dann, der uns gürtet und führt, damit wir zu liebevollen Menschen werden? Unsere Lieben, Ehepartner, Partner und Kinder, unsere Vorgesetzten und diejenigen, die am Rande der Gesellschaft stehen und ebenfalls Werkzeuge unserer Umwandlung sind – sie alle führen uns in bestimmten Bereichen unseres Lebens. Jeder von ihnen packt uns zunächst in die »Windeln« der Hingabe ein und nimmt uns dann weit über unsere Erwartungen der Liebe hinaus mit auf den Weg immer größerer Nähe und Dankbarkeit. Das Leben in der Ehe ist wunderbar, aber es ist auch ein Schmelzofen der Verwandlung. Eine Familie fordert schmerzhafte

Treue; Freundschaften stellen unsere Liebesfähigkeit über unsere Gefühle hinaus auf eine harte Probe; Ereignisse der Weltgeschichte verlangen von uns mehr Mitgefühl, als wir für möglich halten; und der Tod ist eine Einladung zur Hoffnung über das hinaus, was wir sehen und spüren. Jesus kam zu uns und lebte die Dankbarkeit durch seine Gemeinschaft mit Ihm, den er »Vater« nannte. Er ging in seine Passion hinein, verlor die Kontrolle über sein Leben und betrat den schmalen Weg der Heimkehr, als er seinen Feinden vergab.

Seinen Jüngern sagte er: »Ich eröffne euch die Psalmen und Propheten in der Heiligen Schrift, damit ihr versteht, dass ich kämpfen und leiden musste, um später in die Herrlichkeit einzugehen.« Das gesamte Leben Jesu bewegt sich vom Handeln, Predigen, Lehren und Wundertun hin zur Passion, da er nicht mehr handelt, sondern wo ihm alles widerfährt. Er wird verhaftet, ausgepeitscht, angespuckt, mit einer Dornenkrone gekrönt und ans Kreuz genagelt, und er hat nichts davon unter Kontrolle. Die Erfüllung des gesamten Lebens Jesu liegt nicht in dem, was er getan hat, sondern in dem, was ihm angetan wurde: Passion. Aktion heißt immer Kontrolle. Passion heißt, unsere Übergabe in die Hände der anderen zuzulassen, sodass Gott in uns verherrlicht wird.

> Aber wenn du statt dessen den meisten Platz in dir mit Haß und Rachegedanken füllst, aus denen neues Leid für andere entsteht, dann wird das Leiden die Welt nicht verlassen. Und wenn du dem Leid den Platz gegeben hast, den es verdient, dann kannst du ehrlich sagen: Das Leben ist so schön und reich. So schön und reich, dass es dich an Gott glauben läßt.
> *Etty Hillesum*

Offensichtlich ist die Abkehr vom Groll für Menschen, die sich wie ich mit dem älteren Sohn identifizieren, wohl viel schwieriger als die Heimkehr aus einem ausschweifenden Leben, wie sie der junge Ausreißer erlebt. In den meisten Fällen ist sich der von Groll erfüllte Mensch nicht einmal der Tatsache bewusst, dass er verloren ist.

Die Identifikation mit dem älteren Sohn in der Geschichte offenbarte mir meinen tiefen Kummer und zeigte mir, dass ich ein Gutteil meines Lebens damit zugebracht hatte, einen steinernen Schutzwall um mein Herz zu errichten. Wenn ich jetzt die Wahrheit über die Verhärtung meines Herzens *höre*, kommt es mir vor, als würde einer der Steine aus diesem Schutzwall entfernt. Das verletzt mich und bereitet mir Angst und Zorn. Es ist ein harter Kampf. Ich versuche, viel achtsamer und weniger ängstlich zu sein. Ich versuche bewusst, anders zu reagieren: »Fürchte dich nicht. Lass es zu, dass die Steine weggenommen werden, und sei dankbar. Geh über deine Komfortzone hinaus und hab Vertrauen. Hab Mut und öffne dich für die tiefere Sehnsucht deines Herzens, lass die Mauer einstürzen.«

> Überwinde deine Bitterkeit, weil du der Größe des Schmerzes nicht gewachsen warst, den man dir anvertraute. Wie die Mutter der Welt trägst du den Schmerz der Welt in deinem Herzen.
> *Sprichwort der Sufi*

Ich bin weit davon entfernt, mich dabei sicher zu fühlen, im Gegenteil, diese Übung macht mir große Angst. Aber gleichzeitig öffnet sich ein Raum in mir, wie eine Höhle, die es mir gestattet, andere Menschen mit Annahme und Staunen zu empfangen. Meine schwächlichen Versuche, für meine Lieben in der Familie und Gemeinschaft dankbar zu sein, geben mir Energie und echte Freude. Fast spüre ich die Stimme der göttlichen Liebe, die in meinem Herzen flüstert: »Sei dankbar und such dir mehr Platz für die Freude in deinem Leben. Erkenne, dass alles in deinem Leben ein Geschenk ist, und sprich bewusst deinen Dank aus. Öffne dich und gestatte mir, dein steinernes Herz wegzunehmen und dir ein Herz aus Fleisch zu schenken.«

> Ich laufe immer noch, laufe vor dem Wissen davon,
> vor dem Auge, der Liebe, vor der es kein Entkommen gibt.
> Denn du hattest nur Liebe und noch mehr Liebe,
> und ich spürte nur Furcht und Schmerz.
> *Annie Dillard*[47]

Ich muss meine Furcht vor der Gleichheit mit anderen beim Namen nennen. Ich muss meine Haltung vermeintlicher Überlegenheit und Selbstgerechtigkeit anerkennen. Ich muss mich meinem Zorn stellen, meinen ungelösten Konflikten, meinem Unwillen, mich emotional einzulassen, und meinem Mangel an Vergebung für diejenigen, die ich lieben soll. Ich bin mir so klar darüber, dass meine Heimkehr ohne Gottes Hilfe unmöglich ist, weil es mir so schwerfällt, zu handeln: ohne Zorn, Eifersucht und riesige Angst davor, mich zu verlieren, wenn ich mit anderen Menschen eins werde. Um dankbar zu leben, muss ich über meine Schwierigkeiten sprechen und meinem Mentor mehr Rechenschaft geben. Ich brauche Einsamkeit, um über meine Beziehungen nachzudenken, und ich brauche Zeit, um Gott zu bitten, er möge mir helfen, indem er mir die Liebe gibt, die mir fehlt.

Lassen Sie mich noch ein Beispiel aus der Heiligen Schrift anführen. Vielleicht kennen Sie das Gleichnis von der elften Stunde, das ich hier mit meinen eigenen Worten wiedergebe. Den gesamten Text finden Sie im Matthäusevangelium (20,1–6).

Der Eigentümer eines Weinbergs geht früh am Morgen hinaus und stellt Leute ein, die den Tag über für einen gerechten Lohn bei ihm arbeiten sollen. Sie kommen, und gleichzeitig stellt er weitere Leute ein, drei- oder viermal, während der Tag fortschreitet, und auch ihnen stellt er einen gerechten Lohn in Aussicht. Am Ende des Tages gibt der Weinbergsbesitzer jedem Arbeiter denselben Lohn, beginnend mit denen, die er zuletzt angestellt hat.

Ehrlich gesagt: Die Behandlung der Arbeiter durch den Herrn ist sehr schwer zu akzeptieren. Ich finde das schrecklich unfair. Die Leute, die nur eine Stunde für ihn gearbeitet haben, bekommen genauso viel Geld wie diejenigen, die den ganzen Tag im Weinberg gearbeitet haben.

Bei genauerem Nachdenken jedoch sind die Reaktion der Arbeiter und unsere eigene Reaktion auf sein Verhalten wirklich sehr interessant. Wir sind zornig und rechtfertigen unseren Zorn durch unseren »Gerechtigkeitssinn«. Wenigstens hätte der Landbesitzer diejenigen zuerst bezahlen können, die seit dem frühen Morgen für ihn gearbeitet haben, und er hätte sie wegschicken

> Richtet nicht, damit ihr nicht gerichtet werdet! Denn wie ihr richtet, so werdet ihr gerichtet werden ... Was siehst du den Splitter im Auge deines Bruders, doch den Balken in deinem Auge nimmst du nicht wahr? ... Du Heuchler, zieh zuerst den Balken aus deinem Auge. Dann magst du sehen, wie du den Splitter aus dem Auge deines Bruders herausziehst.
> *Matthäus 7, 1–5*

können, damit sie nicht sehen, was die später Dazugekommenen erhalten! Aber nein: Vor der Nase der ersten Arbeiter, die den ganzen Tag bei ihm waren, zahlt der Herr den Nachzüglern einen ganzen Tageslohn. Daraufhin erwarten die Zuschauer, dass sie selbst mehr bekommen, aber das ist nicht der Fall. Eine Beleidigung! Dieses Verhalten beleidigt nicht nur ihren Gerechtigkeitssinn, sondern auch unseren.

Unsere Reaktion ist wirklich interessant. Ich habe das Gleichnis einmal angewandt auf eine Gruppe von Kindern gehört: Es war einmal ein Vater, der hatte viele Kinder und ging zu dem ältesten und sagte: »Ich möchte, dass du mir heute hilfst.« Das Kind arbeitete den ganzen Tag schwer für den Vater. Später rief der Vater das zweite Kind zu sich, das etwas jünger war, und noch später ein drittes. Als der Nachmittag halb um war, arbeiteten alle Kinder bis auf das jüngste, das erst zwei Jahre alt war. Am Ende des Arbeitstages rief der Vater alle Kinder zusammen und begann damit, dass er dem kleinen Zweijährigen dieselbe Belohnung gab wie allen anderen Kindern.

> O dass ich im Licht gehen möge mit einem dankbaren Herzen und Frieden in die Welt strahlen möge.
> *Nan C. Merrill, nach Psalm 101*[48]

In der Gruppe von Kindern, denen die Geschichte erzählt wurde, fand kein einziges, dass der Vater unfair gehandelt habe. Sie sagten: »War das nicht lustig, dass das Baby genauso viel bekommen hat wie alle anderen?« Darüber lohnt es sich, nachzudenken; die Kinder genossen es, dass alle Kinder gleich viel von diesem lustigen Vater bekamen, der so gut zu seinen Kindern war. Tatsächlich hatte ich es nie als großes Privileg angesehen, im Weinberg arbeiten zu dürfen. Aber den ganzen Tag zusammen mit meinen Brüdern und Schwestern für meinen Papa zu arbeiten … ist das nicht wunderbar? Und ist es nicht toll, dass diejenigen, die erst ganz zum Schluss dazukamen und nicht den ganzen Tag arbeiten konnten, so viel bekamen?

> Feindesliebe ist nicht eine nur spirituelle Kraft, sondern eine ganz praktische menschliche Grundeinstellung. ... Vergebung beginnt damit, uns unserer Ängste und Schranken bewusst zu werden.
> *Jean Vanier*[49]

Daran erkenne ich, wie selbstgerecht ich bin und was für eine schreckliche Denkweise ich angenommen habe, wenn ich es ablehne, dass die Nachzügler dasselbe bekommen wie ich. Ich frage mich, warum ich vergessen habe, was für ein großes Privileg es ist, den Tag mit meinen Brüdern und Schwestern zu verbringen und das zu tun, worum Er mich gebeten hat, der mich am allermeisten liebt. Was hält mich davon ab, mit denjenigen, die ich am meisten liebe, über die Großzügigkeit meines Vaters zu jubeln?

Auch der Vater des Verlorenen Sohns kommt gar nicht auf die Idee, sein ältestes Kind würde sich ausgeschlossen fühlen, wenn er zu einem Fest einlädt. Er sagt vielmehr: »Kommt herein, ihr alle, euer Bruder ist wieder da! Freut euch mit mir über seine Rückkehr! Seht meine Güte einem Familienmitglied gegenüber, das es mir nicht leicht gemacht hat. Schaut, wie ich die Heimkehr meines Kindes feiere. Kommt, feiert mit und lernt dankbar zu sein wie ich!«

Diese Haltung der Dankbarkeit statt des Urteilens über andere ist eine echte Umkehr und kommt einer tiefen Bekehrung gleich. Das Wunderbare daran ist, dass wir nicht nur entdecken, wie sehr wir den bedingungslos Liebenden brauchen, damit er uns Liebe schenkt, sondern auch, wie eng wir mit anderen verbunden sind, unseren Brüdern und Schwestern. Dieser Übergang vom Groll zur Dankbarkeit bestätigt uns in unserer Menschlichkeit.

Und in diesem Übergang zur Heimkehr gibt es noch einen notwendigen Schritt. Bei der Heimkehr geht es nicht nur um Sie und mich, sondern sie hat auch mit unserer Reaktion auf den Groll eines anderen zu tun. Wenn wir sehen, was wir tun, und an einer Veränderung arbeiten, drängt es uns, den Groll zu verurteilen, den wir bei anderen sehen. Das ist wichtig, denn wir alle müssen über unsere Reaktionen auf den Zorn und den Schmerz anderer entscheiden. Wenn wir vor allem für unser Leben danken, haben wir die Möglichkeit, den Zorn und die Verurteilung eines anderen aufzunehmen, aufrecht stehen zu bleiben und sie durch uns hindurchgehen zu lassen. Wenn wir nach Ge-

> Guter Gott, nachdem ich in die Einsamkeit gestürzt bin, mit ausgestreckten Händen, gewöhne ich mich an die Dunkelheit. Ich bin einsamer als je zuvor, und ich lerne den Tod zu leben, den du für mich bestimmt hast. Er ist schmerzhafter als jeder andere Tod, aber meine Augen gewöhnen sich an die Dunkelheit. Ich beginne die Verkleidungen deiner Liebe zu unterscheiden, einer Liebe, die tiefer ist als alles, was ich je erfahren habe. Und allmählich dämmert mir, dass meine Einsamkeit mich zu dir führt. Der Tod ist tief, aber darin liegt auch freudiges Leben verborgen. In seiner größten Finsternis sehe ich endlich das Licht, dein Licht. Ich sehe auf einmal, wo mein Zuhause ist. Und immer wieder wird in mir die Liebe geboren. Danke, Herr, danke.
> *Aus den Tonbandaufzeichnungen des Workshops mit Henri Nouwen*

legenheiten suchen, dankbar zu sein, hören wir Zorn und Schmerz auf eine neue Weise und können eher akzeptieren, dass sie zu den anderen gehören und nicht zu uns. In diesem Geist versuchen wir sie einfach entgegenzunehmen, ohne darüber zu urteilen. Das geht aber nur, wenn wir das Danken als Lebensweise annehmen. Sonst verbindet sich *ihr* Groll mit *unserem,* und alles wird nur noch schlimmer. In einem dankbaren Leben hören wir den Groll anderer nicht mehr als Bestätigung für unseren eigenen Groll. Wir urteilen auch nicht darüber, wir nehmen ihn einfach mit Liebe in Empfang.

Die Fähigkeit, die dunklen Regungen eines anderen in Liebe entgegenzunehmen, ist ein schmerzhaft langsamer Prozess mit Höhen und Tiefen und vielen Erfahrungen, in denen wir lernen. Es gibt eine feine Grenzlinie zwischen unserem Akzeptieren fremden Zorns und dem Hinnehmen einer Beschimpfung, und jeder von uns muss den Unterschied kennen, denn Misshandlungen müssen wir nicht akzeptieren. Sie und ich müssen dem Verhalten anderer Menschen nicht zustimmen, und wir müssen auch nicht so tun, als wäre alles in Ordnung mit der Art, wie wir behandelt werden. Aber es ist wichtig, die eigene Geschichte des anderen objektiv anzuerkennen, vor allem das Leid desjenigen, der uns angreift. Wenn ich mich verletzt fühle, muss ich versuchen, für mich selbst einzustehen und trotzdem nicht zu

> Wenn es auf dieser Erde einen Ort gibt, an dem die, die Gott lieben, in Sicherheit sind, dann kenne ich ihn nicht, denn er wurde mir nicht gezeigt. Aber dies wurde mir gezeigt: dass wir im Fallen und Wiederaufstehen immer geborgen sind in derselben kostbaren Liebe.
> *Juliana von Norwich*

urteilen. Ich muss mir Mühe geben zu akzeptieren, dass die individuelle Geschichte des anderen eine ganze Welt von Freude und Schmerz darstellt, ebenso wie meine. Ich weiß, auf diese Weise wächst die Solidarität zwischen uns.

Ganz allmählich lerne ich, meinem Nächsten zu gestatten, dass er anders ist als ich und eigene Entscheidungen trifft, die sich von meinen unterscheiden. Meine Achtsamkeit darauf, dass jeder einen unersetzlichen Platz in der Menschheitsfamilie einnimmt, eröffnet mir Raum für die Schönheit der Unterschiede zwischen uns. Ich bin fest davon überzeugt, dass die Rückkehr vom Groll zur Dankbarkeit mir ein tiefes Gefühl der Zugehörigkeit zu unserer riesigen, kostbaren Menschheitsfamilie schenkt, und ebenso zu Dem, der uns in all unserer Schönheit und Unterschiedlichkeit erschaffen hat.

Hören

Suchen Sie sich Raum und Zeit für innere und äußere Stille. Ohne weiterzulesen, hören Sie einfach auf die Bilder und Einsichten, die beim Lesen dieses Kapitels in Ihnen aufgestiegen sind. Was sagen diese Abschnitte Ihnen über Ihr gegenwärtiges Leben? Hören Sie hin und geben Sie Ihrem Herzen Zeit, seine Sehnsucht zum Ausdruck zu bringen, ganz, lauter und durchscheinend zu sein. Versuchen Sie, das Schweigen nicht zu fürchten, und warten Sie still ab, bis Ihr Herz die tiefen inneren Bewegungen zum Ausdruck bringt. Hören Sie zu, wie der Schrei Ihres Herzens zu Ihnen zurückkommt.

Aufschreiben

Beginnen Sie damit, etwas Wunderbares aufzuschreiben, das Ihnen in Ihrem Leben widerfahren ist. Vielleicht ist es eine Erfahrung mit einem Ihrer Elternteile, vielleicht haben Sie sich verliebt oder jemanden getroffen, der Ihren Lebensweg stark beeinflusst hat. Was sonst ist geschehen, das wichtig für Sie war? Schreiben Sie weiter über wichtige Zusammentreffen, Einsichten, unerwartete Wunder und Überraschungen, die Ihnen Freude bereitet haben.

Schreiben Sie in einer Haltung der Dankbarkeit für bedeutsame Menschen und Augenblicke. Schreiben Sie über die guten Dinge in Ihrem Leben, die Sie für selbstverständlich halten – auch für das Leben selbst! Lassen Sie Ihren Stift von den Schätzen Ihrer Geschichte schreiben.

Sich-Verbinden

Denken Sie daran, dass Sie von der Gegenwart des göttlichen Atems umgeben sind, der in den tiefsten Tiefen Ihres Herzens mit Ihnen spricht. Gehen Sie in diese Gegenwart hinein und danken Sie ehrlich für alle guten Dinge, die Sie empfangen haben. Versuchen Sie, über Ihr Zaudern, ob Sie glauben oder nicht glauben können, und über die Zwiespältigkeiten Ihres Lebens hinauszugehen, und vertrauen Sie alles Ihm an, der Sie am meisten kennt und liebt. Gestatten Sie sich, diesen Dank in Freude zum Ausdruck zu bringen.

Ein Gespräch von Herz zu Herz.

*Eine Weisheitsübung für Menschen
auf der spirituellen Reise*

*Übung 6: Nehmen Sie auf dem Weg nach Hause
das Zuhause in Anspruch*

Jeder der jungen Erwachsenen in dem Gleichnis ist desillusioniert von zu Hause weggegangen, sei es tatsächlich oder im Geiste, und später wieder zu Hause in Empfang genommen worden. Angepasst oder nicht, höflich oder nicht, zerknirscht oder nicht – jeder der Brüder gehörte zur Familie und hatte ein Anrecht auf einzigartige, bedingungslose Liebe. Jesus deutet auf ein solches Zuhause für uns hin, wenn er sagt: »Ich bereite einen Platz für euch.«

Aber so sehr ich es auch versuche, ich finde in der Zwischenzeit kein *dauerhaftes* Zuhause in Sicherheit, Annahme und kreativer Fürsorge. Nur hier und da spüre ich in einem Lächeln, einem guten Wort, einer Umarmung oder dem Geschenk der Freundschaft den flüchtigen Geschmack eines »Zuhauses auf dem Weg nach Hause«. Aber meine Monate in der Einsamkeit haben mich dankbar für die einzigartigen Geschenke der Fürsorge gemacht. Sie haben mich an eine andere, größere Liebe erinnert. Jetzt fühle ich mich dazu aufgerufen, jede kurze Bestätigung einfach und voller Dankbarkeit entgegenzunehmen. Ich fühle mich dazu herausgefordert, andere frei heraus zu bestätigen, indem ich auf die eine oder andere Weise sage: »Ich bin so froh, dass du da bist und dass wir zusammen sind.«

Jesus lehrt uns: »Liebe deinen Nächsten wie dich selbst.« Wenn wir zu voreingenommen und beschäftigt sind, gelingt uns dieser einfache Austausch von Liebe nicht. Liebe braucht keine langen Reden. Sie ist viel eher aufmerksam auf die flüchtigen Momente des Friedens, der Freundlichkeit, der Freundschaft und des Mit-Leidens. Liebe lädt uns zu der geistlichen Übung ein, mit unseren Lieben immer mehr aus einem Herzen zu kommunizieren, das vom Mit-Leiden aufgebrochen wurde.

DRITTER TEIL

*Zu Hause sein heißt Liebe empfangen
und Liebe geben*

7
Die ursprüngliche Beziehung

Das Leben Jesu ist eine Einladung an uns, zu glauben: nicht in erster Linie an ihn, sondern an die *Beziehung* zwischen ihm und dem Gott, den er »Vater« nennt. Mehr noch: Jesus kommt in die Welt, um denjenigen unter uns, die ihm zuhören, mitzuteilen, dass genau diese *Beziehung* auch jedem von uns zugänglich ist. Durch sein Leben und Sterben verkündigt Jesus die Sehnsucht im Herzen der göttlichen Liebe, mit jedem einzelnen Menschen in Beziehung zu treten. Und der Zugang zu dieser ursprünglichen Begegnung ist für Sie und mich gleichbedeutend mit »Heimkehr«.

Diese Beziehung zwischen Jesus und Dem, der ihn in die Welt gesandt hat, ist *der* zentrale Fokus für das ganze Leben und die ganze Lehre Jesu. Er drängt uns zu sehen, dass er nicht aus eigener Entscheidung zu uns gekommen ist, sondern dass er gesandt wurde, in *Beziehung* zu Gott, dem Schöpfergeist.

> Darum will ich selbst sie locken, sie in die Wüste führen und ihr zu Herzen reden.
> *Hosea 2,16*

Die gesamte Mission Jesu, sein Leben, seine Worte und Taten, seine Schande und Herrlichkeit sind nur deshalb von Bedeutung, weil er in *Beziehung* mit Ihm steht, der ihn gesandt hat. Alles in seinem Leben steht auf ewig in *Beziehung* mit Dem, den er Vater nennt. Voller Leidenschaft sagt er: »Glaubt an mich«, und meint damit: »Glaubt daran, dass ich von Dem gesandt bin, der mich seinen geliebten Sohn nennt.« Er meint damit: »Glaubt mir jedes Wort, das ich spreche, denn ich habe diese Worte in der *Beziehung* mit meinem Vater gehört.«

»Glaubt an mich« heißt: »Glaubt, dass alles, was ich tue, nicht nur mir gehört, sondern auch meinem Geist-Vater-Gott, der durch mich wirkt.« Es heißt: »Glaubt, dass die Herrlichkeit, die ich empfange, nicht mir gehört, sondern mir von Dem geschenkt ist, mit dem ich im Geist innig verbunden bin.«

Es handelt sich um eine so absolute und vollständige Einheit, dass es nicht den geringsten Platz für eine Erfahrung der Abwesenheit und Trennung gibt. In dieser Beziehung zu leben heißt, im tiefsten Sinne des Wortes zu Hause zu sein.

Es ist neu für mich, dass meine Nachfolge Jesu mich dazu aufruft, nicht nur an die vollständige Gemeinschaft zwischen Jesus und Dem zu glauben, der ihn in die Welt gesandt hat, sondern auch an *meine* Gemeinschaft mit Ihm, der *mich* in die Welt gesandt hat. Jesus sagt: »Philippus, wie kannst du sagen: ›Zeig uns den Vater‹? Wisst ihr nicht, dass ihr, wenn ihr mich seht, auch den Vater seht?« Jesus ist der Einzige, der nie allein, sondern immer in Liebe verbunden ist, ohne die kleinste Distanz, die geringste Furcht oder das leiseste Zögern zwischen ihm und Dem, der ihn in die Welt gesandt hat.

> Halte dich fest an der Hand des Glaubens, um Stärke zu finden auf dem Weg durch tiefe Täler. Lerne dem Einen zu vertrauen, der stets dein Begleiter und Leiter ist.
>
> Nan C. Merrill, nach Psalm 119[50]

Der Mensch Jesus spiegelt die Fleisch gewordene Beziehung mit der bedingungslosen Liebe, um zu offenbaren, wie wir in unserer Menschlichkeit »zu Hause« sein können. »Wer mich sieht, der sieht den Vater. Wer an mich glaubt, glaubt an den Vater. Ich und der Vater sind eins. Ich bin im Vater, und der Vater ist in mir.« Bei seiner Taufe hören Jesus und die anderen die Stimme der göttlichen Liebe: »Du bist mein geliebter Sohn. An dir habe ich Wohlgefallen.« Später sagt Jesus: »So wie mich der Vater geliebt hat, so liebe ich euch. Der Vater und ich sind eins.« Die Worte »An dir habe ich Wohlgefallen« werden auch uns zugesprochen. Die Beziehung ist auch uns zugänglich, und wer Jesus sieht, der kennt diese Beziehung.

> Euch habe ich Freunde genannt, weil ich euch alles mitgeteilt habe, was ich von meinem Vater gehört habe.
> *Johannes 15,15*

Nie, niemals macht Jesus einen Unterschied zwischen seiner und unserer Beziehung zur bedingungslosen Liebe. Niemals sagt er: »Ich kenne den großen Geist ganz und gar, und ihr könnt auch ein bisschen davon erfahren.« Er sagt nicht: »Ich kann große Dinge tun im Namen von Mutter-Gott, und ihr könnt vielleicht auch ein paar Kleinigkeiten erreichen.« Nein. Stattdessen sagt Jesus zu uns: »Alles, was ich gehört habe in meiner Gemeinschaft mit der innewohnenden Liebe, das sage ich euch, weil ich möchte, dass ihr dieselbe Erfahrung wissender Liebe macht wie ich. Alles, was ich im Namen Dessen tue, der mich so sehr liebt, das könnt ihr auch tun. Tatsächlich werdet ihr noch mehr erreichen als ich. Und alle Herrlichkeit, die ich von Ihm empfange, der

7 Die ursprüngliche Beziehung

mich in meiner Menschlichkeit bestätigt, die könnt ihr auch empfangen. Ihr seid ebenso sehr die erwachsenen Kinder der bedingungslosen Liebe wie ich. Ihr sollt in Gemeinschaft mit der Liebe selbst leben, so innig, dass auch ihr den Geist der Liebe sichtbar macht, der in der Welt lebt.«

Ich habe es wirklich nötig, das zu hören, und ich glaube, das gilt auch für Sie. Jesus ist nicht einfach gekommen, um uns von einem liebenden Schöpfergott zu erzählen, der weit weg ist und von dort aus für uns sorgt. Ganz und gar nicht! Jesus ist gekommen, um uns dieselbe Gemeinschaft mit Gott, dem liebenden Vater, der liebenden Mutter, anzubieten, in der er lebt und in der er kein bisschen kleiner ist als Der, der ihn gesandt hat.

> Liebes Kind Gottes, wir sind alle zu Mystikern geschaffen. Oft denken wir, Mystik sei dem seltenen kontemplativen Leben vorbehalten, das nur besondere Menschen führen können, und nur sie seien von Gott dazu berufen worden. In Wahrheit aber kann jeder sich den inneren Raum schaffen, in dem wir Gottes Stimme hören können. Jeder hat Zugang zu Gott. Gott sagt: »Seid stille und erkennet, dass ich Gott bin!«
> *Desmond Tutu*[51]

Das Wort für diese innige Verbindung zwischen Jesus und Gott ist »Geist«. Es umfasst eine Verbindung, die so vollständig ist, so aufgeladen, so heilig, so vollständig, dass ihr absolut nichts fehlt. Das griechische Wort für Geist ist *pneuma* und bedeutet Atem. Die Bindung zwischen Jesus und Dem, den er Vater nennt, ist wie ein gemeinsames Atmen. Unser Atem ist so wichtig und intim – wir merken nicht einmal, dass wir atmen. Wenn wir es merken, dann weil irgendetwas nicht stimmt. Sonst atmen wir einfach ein und aus, und niemand kommentiert das, indem er sagt: »Oh, du atmest ja!« oder »Du atmest heute aber schön!« Nein. Wir sprechen eigentlich nie darüber. Es gehört einfach zu unserem Leben, dass wir atmen, unser Leben ist Atmen.

Die Beziehung zwischen Jesus und dem Vater ist wie unser Atem: unmittelbar, dringlich und nah. Jesus sagt uns nach seiner Auferstehung: »Es ist gut für euch, dass ich gehe, denn wenn ich gehe, sende ich euch meinen Atem, meinen Geist. Dann werdet ihr ganz in mir leben, wie ich in euch lebe.«

Das Gleichnis vom Barmherzigen Vater lädt uns ein, über diese großartige Offenbarung einer erstaunlichen guten Nachricht nachzudenken. Die Geschichte verkörpert die *Beziehung*. Schauen Sie noch einmal das Gemälde von Rembrandt an, wo der Vater seinem jungen Sohn die Hände auflegt. Fühlen Sie diese Hände und denken Sie daran, wie eine solche liebevolle Zärtlichkeit uns berührt und zum Leben erweckt. Wir kennen vielleicht den Schrecken, nicht liebevoll berührt zu werden, aber diese unglaublichen Hände ziehen uns in vollkommener Vergebung von unseren Knien hoch und heilen gleichzeitig unser gebrochenes Herz.

> Die Wüstenväter rieten: »Geh in deine Zelle, und die Zelle wird dich alles lehren.« Reservieren Sie sich etwas Zeit in der Natur oder zu Hause, in einer Kirche oder einem Tempel, einer Bibliothek oder an einem anderen ungestörten Ort. Sitzen Sie dort, gehen Sie spazieren, meditieren, beten, lesen Sie, was auch immer Ihnen gefällt. Und seien Sie achtsam.
> *Wayne Muller*[52]

Die Augen, die Hände und der Mantel sind Abbilder tiefsten Segens, dauerhafter Liebe und eines Zuhauses, wohin wir immer wieder zurückkehren können. Nehmen Sie die Worte in Anspruch, die Ihre Heimkehr feiern: »Schnell! Zieh das beste Kleid an, hier sind ein Ring für deinen Finger und Sandalen für deine Füße.« Paulus sagt uns: »Ihr werdet ein neues Kleid der Kinder Gottes erhalten und sein wie Gott.« Das ist es, das beste Kleid. Der Ring ist der Ring des Erben, der den Erben des Königreichs überreicht wird. Und die Sandalen sorgen dafür, dass wir sicher gehen. Und endlich: »Das Kalb, das wir gemästet haben, wird zu deinen Ehren geschlachtet; wir werden ein Festmahl feiern.« Das Festmahl ist ein Fest im Himmel, bei dem unsere Unterschiede wie in einer Familie zum Segen für alle werden, bei dem wir alle am selben Tisch sitzen.

Jesus »hat sich nicht an seine Gleichheit mit Gott geklammert, sondern sich entäußert« (Phil 2,6–7), um vollkommene Gemeinschaft zu erfahren. Er benutzt diese Bilder einer Beziehung, die tatsächlich viel mehr ist als die menschlichen Bilder von Tochter, Sohn, Mutter oder Vater. Das Verführerische daran ist die Tatsache, dass wir so werden wie derjenige, den wir lieben. Unsere »Heimkehr« besteht darin, uns im Geist auf das Innigste mit der Liebe zu verbinden und für andere zur Liebe zu werden: mitfühlende, vergebende, kreative, geisterfüllte Liebende im besten Sinn des Wortes.

Hören

Atmen Sie tief ein und aus und suchen Sie sich einen ruhigen Rhythmus, um Voreingenommenheiten auszuatmen und Frieden einzuatmen. Nehmen Sie in Ihrer Vorstellung schweigend Ihren Platz neben Jesus ein und gehen Sie mit ihm zusammen am Abend hinauf auf den Berg. Setzen Sie sich ein wenig abseits und beobachten Sie ihn, wie er sich aufs Gebet vorbereitet. Beobachten Sie, wie er in die Gemeinschaft mit Dem eintritt, der ihn in die Welt gesandt hat. Stellen Sie sich seine Gemeinschaft mit der göttlichen Liebe vor. Verweilen Sie und hören Sie zu.

Gehen Sie jetzt allein zum Gipfel und stellen Sie sich selbst in die Gegenwart Dessen, der Sie in die Welt gesandt hat. Seien Sie still. Warten Sie. Sprechen Sie nicht, sondern ruhen Sie in seiner Gegenwart. Lauschen Sie.

Aufschreiben

Schreiben Sie auf, was Ihnen auf dem Gipfel begegnet ist. Notieren Sie Ihre Gefühle, als Sie mit Jesus dort waren, in Gemeinschaft mit der unendlichen Liebe. Was war schwierig für Sie? Schreiben Sie auf, was Sie in Ihrer Vorstellung gehört haben. Wie hat es sich angefühlt, allein auf den Gipfel zu steigen? Schreiben Sie auf, was Ihnen begegnet ist, als Sie in der Gemeinschaft mit dem Geist Gottes auf dem Gipfel standen. Schreiben Sie Ihre Emotionen auf, was Sie gehört haben, Ihre Gedanken und Gefühle.

Sich-Verbinden

Gehen Sie in Ruhe an den besonderen Platz in der Tiefe Ihres Herzens und bleiben Sie in der Nähe der Liebe. Gestatten Sie sich selbst, dort ohne Worte auszuruhen. Verweilen Sie in der Gemeinschaft.
    Ein Gespräch von Herz zu Herz.

*Eine Weisheitsübung für Menschen
auf der spirituellen Reise*

*Übung 7: Nehmen Sie Ihr inneres »Geistesleben«
in Anspruch*

Im Gleichnis sind die beiden Brüder vor allem mit sich selbst beschäftigt, weil keiner von ihnen innerlich reif genug ist, sich für seine Zugehörigkeit zu seiner Herkunftsfamilie verantwortlich zu fühlen. Derjenige, der reif ist, der Vater, lebt ganz in der Innerlichkeit und ist ganz gelassen. Er akzeptiert seine Stellung in der Familie vollständig und in Hingabe für jedes Familienmitglied.

Leider war mein Innenleben bisher hauptsächlich damit beschäftigt, verstörende »Geister« zu beherbergen: Gefühle des Zorns, schmerzhafte Träume, verstörende Fantasien und Verletzungen im Zusammenhang mit ungeklärten Beziehungen. Es gab wenig Raum für Aufmerksamkeit dem Geist Jesu gegenüber, der ebenfalls meine innere Landschaft bewohnt. Jetzt arbeite ich an der Praxis, direkt und oft mit dem göttlichen Geist zu sprechen, der in mir lebt.

Jesus hat verkündet, dass der Geist, »der lebendig macht«, für uns zugänglich ist und eine innere Beziehung der Gemeinschaft mit jedem von uns eingehen will. Er sagt:

»Wenn jemand mich liebt, wird er mein Wort halten und mein Vater wird ihn lieben; wir werden zu ihm kommen und Wohnung bei ihm nehmen« (Johannes 14,23).

»Ich werde den Vater bitten, und er wird euch einen anderen Beistand geben, der in Ewigkeit bei euch bleibt, den Geist der Wahrheit, den die Welt nicht empfangen kann, weil sie ihn nicht sieht und nicht kennt. Ihr kennt ihn, weil er bei euch bleibt und in euch sein wird« (Johannes 14,16–17).

In der Heiligen Schrift wird Jesus sehr oft in der Gemeinschaft mit der göttlichen Liebe beschrieben. Er geht auf einen Berg und verbringt die ganze Nacht im Gebet zu Gott. Am Kreuz spricht er diese innere Verbindung laut aus: »Vater, vergib ihnen, denn sie wissen nicht, was sie tun« (Lukas 23,34).

8
Berührung und Segen

Es gab eine Zeit in meinem Leben, da konzentrierte ich mich auf die Verletzungen, die mir meine Eltern zugefügt hatten, und ich erinnere mich, dass ich mir wünschte, sie hätten sich anders verhalten. Als ich jedoch anderen zuhörte, erfuhr ich, dass auch sie Zeiten erlebt hatten, in denen sie sich von ihren Eltern, Partnern, Verwandten, Freunden oder Menschen in ihrer kirchlichen Gemeinschaft hauptsächlich verletzt gefühlt hatten. Kommen diese Verletzungen nicht daher, dass unsere Eltern und andere unfähig waren, uns bedingungslose Liebe zu geben? Sie haben uns nicht absichtlich verletzt, sondern weil sie Menschen waren, die ihrerseits nur unvollkommen geliebt worden waren. Jeder von uns und alle, die vor uns waren, haben Anteil an der menschlichen Natur und leiden darunter, unvollkommen geliebt zu werden. Aber wir sollen beim Schmerz dieser Verletzungen nicht stehen bleiben und auch nicht in Schuld und Anklage stecken bleiben. Diese ganze Erfahrung soll uns vielmehr dazu bringen, eine Beziehung zu Gottes lebendigem Geist der bedingungslosen Liebe anzunehmen. Unsere spirituelle Reise ist nichts anderes als eine Rückkehr zur Nähe, Sicherheit und Annahme dieser allerersten Beziehung zu der Liebe, die in jedem von uns gegenwärtig und zu Hause ist.

Ich bin mir darüber im Klaren, dass ich in meinem Leben zutiefst geliebt und befähigt worden bin. Ich bewege mich und spreche zu Ihnen, ich trete in Beziehung mit vielen Menschen, ich gehe und lächle, weil ich so sehr geliebt worden bin. Ich schulde so unglaublich vielen Menschen Dank, weil sie mich in dieses, mein Dasein »hineingeliebt« haben, und dies, obwohl ich weiß, dass dieselben Menschen, die mich geliebt haben, verletzte, gebrochene Menschen waren wie ich. Ich gebe zu, dass ich manchmal überrascht bin, wenn ich immer noch den alten Schmerz empfinde, und wenn ich ihn empfinde, fällt es mir schwer, die ungeheure Liebe in Anspruch zu nehmen, die ich geschenkt bekommen habe. Wenn ich aus dem Schmerz heraus lebe, zweifle ich an mir und gerate in Schwierigkeiten mit meinen Beziehungen. Mein Problem besteht darin, dass ich immer dann, wenn ich den Schmerz spüre, nach äußerer Liebe bei anderen verletzten Menschen suche, statt auf die Gemeinschaft mit Dem zurückzugreifen, der mich kennt und liebt, wie ich bin, und sich eine Heimstatt in meinem Herzen sucht.

Jesus hat uns die ganze Bewegung der göttlichen Liebe am Bild des Brotes gelehrt. Was er nach den Er-

> Wir wollen immer, dass jemand anders sich verändert, damit wir uns gut fühlen. Aber ist Ihnen schon einmal der Gedanke gekommen, was mit Ihnen passiert, wenn sich Ihre Frau oder Ihr Mann ändert? Sie sind noch genauso verletzlich wie vorher, genauso dumm, genauso schläfrig. Sie selbst brauchen Veränderung, Sie müssen die Medizin einnehmen. Immer bestehen Sie darauf: »Ich fühle mich gut, wenn die Welt in Ordnung ist.« Falsch! »Die Welt ist in Ordnung, weil ich mich gut fühle.« So sehen es die Mystiker.
> *Anthony de Mello*

zählungen der Heiligen Schrift mit dem Brot getan hat, beschreibt sein und unser Leben als geliebte Kinder Gottes. Bei der Brotvermehrung und beim Letzten Abendmahl nimmt Jesus das Brot als Erster in die Hand. Er wählt das Brot aus, so wie Gott jede und jeden von uns als einzigartig geliebte Tochter und geliebten Sohn auswählt. Nachdem er das Brot in die Hand genommen hatte, segnete Jesus es, so wie unser Schöpfer uns alle als geliebte Kinder bestätigt. Das Brot wird gebrochen, so wie Jesus am Kreuz zerbrochen wurde und wie wir durch unverdientes Leid in unserem Leben zerbrochen werden. Und endlich wird das Brot für das Leben anderer gegeben, so wie das Leben Jesu hingegeben wurde und wie unser Leben hingegeben werden muss. Jesus tut das alles viele, viele Male: nehmen, segnen, brechen, weitergeben. Wir erleben die Freude, auserwählt und gesegnet zu sein. Und wir werden zerbrochen, nicht weil wir verflucht sind, sondern weil uns, wie Jesus, das Leiden zum Mit-Leiden führt und zur Hingabe für andere, die leiden.

> Wir, die wir in Konzentrationslagern gelebt haben, können uns an Menschen erinnern, die zwischen den Hütten herumgingen und anderen Trost gaben und ihr letztes Stück Brot. Es mögen wenige gewesen sein, aber sie liefern einen ausreichenden Beweis dafür, dass einem Menschen alles genommen werden kann außer das eine: die letzte seiner Freiheiten – seine Haltung in allen nur möglichen Umständen zu wählen, seinen eigenen Weg zu wählen.
> *Viktor E. Frankl*

Die erste biblische Erzählung über den Garten Eden beschreibt, wie Gott mit Adam und Eva spazieren ging, in einer Beziehung, die von bedingungsloser Liebe geprägt war. Als sie daran zweifelten und sich von Gottes

Wort ab- und ihren eigenen Worten zuwandten, da machten sie die Erfahrung von Nacktheit, Sorge und Furcht. Adam antwortet auf Gottes »Wo bist du?« im Garten mit den Worten: »Ich fürchtete mich, weil ich nackt war, deshalb versteckte ich mich« (Genesis 3,10). Die Ursünde nennt dieses Scheitern am Vertrauen in die ursprüngliche Beziehung beim Namen. Und diese Ursünde ist eine Folge der Versuchung, die erste Liebe bei Menschen und Dingen zu suchen. Zum Glück berührten der Schmerz und der Kummer der ersten beiden Menschen Gottes Herz, und er sandte Jesus in die Welt, um die ursprüngliche Liebesbeziehung zu bezeugen.

> Mit Schmerz und Dankbarkeit, Geist Gottes, komme ich zu dir.
> Mit all meinen Brüdern und Schwestern auf der Erde halte ich inne, um deine Liebe zu empfangen.
> Hilf jeder und jedem von uns, die Wahrheit zu erkennen und ganz und gar anzunehmen, dass wir geliebt sind.
> Möge dein Geist in uns allen neue Wunder bewirken.
> *Aus den Tonbandaufzeichnungen des Workshops mit Henri Nouwen*

Als ich früher gelegentlich mit Strafgefangenen gearbeitet habe, musste ich immer wieder demütig feststellen, dass diese zutiefst verletzten Menschen Kriminelle geworden waren, weil sie so verzweifelt danach gestrebt hatten, Aufmerksamkeit und Respekt zu erfahren, Gehör zu finden und frei zu werden von ihrem Gefühl völliger Entfremdung. Die meisten von ihnen waren geradezu wild darauf, geliebt zu werden. Jede Zurückweisung warf sie zurück in tiefsten Schrecken und in die Überzeugung, es sei besser, zu töten als getötet zu werden. Ich bin wirklich überzeugt, dass viele Tötungsdelikte nicht geschehen, weil die Menschen böse sind, sondern weil sie verzweifelt sind. Nur zu oft habe ich festgestellt, dass sogenannte Schwerverbrecher hungrig waren nach der Sicherheit hingebungsvoller Beziehungen der Liebe und Fürsorge. Ich habe gesehen, wie leicht sie weinten, und ich habe gehört, wie sie sagten: »Was habe ich getan? Ich wollte doch nur als wertvoller Mensch anerkannt werden. Ich wollte Teil einer Familie sein, mit meiner Frau und meinen Kindern.« Viele dieser Brüder und Schwestern haben die sichere Berührung einer liebevollen Hand nie kennengelernt oder gespürt.

Vielleicht müssen wir, Sie und ich, die leidenden Menschen dieser Welt aus einem neuen Blickwinkel ansehen. Wir alle kennen den einsamen Menschen in anderen und uns selbst, der mit all seinem verstörenden Verhalten nur eine Bitte äußert: »Bitte, schenk mir Anerkennung und liebe mich.« Menschliches Leid ist so oft Ausdruck unserer extremen Bedürftigkeit, uns wirklich geliebt zu fühlen, und wenn wir nichts von der ersten Liebe wissen, wenden wir uns an andere. Aber sie können uns die Liebe, die wir brauchen, nicht geben. Und dann bringt uns der Aufschrei zur Gewalt: »Ich kann ohne dich nicht leben. Du musst bei mir bleiben.« Und plötz-

Seele Christi, heilige mich.
Leib Christi, rette mich.
Blut Christi, berausche mich.
Wasser der Seite Christi, wasche mich.
Leiden Christi, stärke mich.
O guter Jesus, erhöre mich!
In deinen Wunden berge mich.
Von dir lass nimmer scheiden mich.
Vor dem bösen Feind verteidige mich.
In meiner Todesstunde rufe mich.
Zu dir zu kommen heiße mich,
Mit deinen Heiligen zu loben dich
In deinem Reiche ewiglich. Amen.
Ignatius von Loyola zugeschrieben

lich krallen wir uns fest, statt den anderen zu liebkosen, so sehr, dass wir ihn verschrecken. Es ist furchtbar, zu sehen, wie das Greifen, Schlagen, Beißen, die Gewalt und manchmal sogar die Vergewaltigung wirklich die andere Seite unserer verzweifelten Sehnsucht sind, zu lieben und geliebt zu werden.

Erst nach einem langen, ungeheuer leidvollen Leben war Rembrandt in der Lage, das Bild von der Rückkehr des Verlorenen Sohnes zu malen. Nur wenige Menschen haben so viel geweint wie Rembrandt: um seine verstorbenen Kinder, um seine verstorbenen Frauen. Seine Tränen und sein Leid öffneten ihm die Augen für die Liebe eines Gottes, der so viel um ein verlorenes Kind geweint hat, dass er fast blind geworden ist. Aber es ist eine Blindheit, die das innere Licht zum Vorschein bringt. Rembrandt verstand und malte den, dessen Liebe sein Kind nicht davon abhalten kann, in ein fremdes Land zu gehen und Leid zu erfahren. Rembrandt benutzte ein menschliches Bild, um zu zeigen, dass Der, der so innig mit uns verbunden ist, uns die Freiheit anbietet, vom Leiden seines geliebten Kindes weiß und nach uns Ausschau hält, bis wir nach Hause kommen. Und nichts, weder die Tränen noch die Blindheit, kann ihn davon abhalten, das Kind »seines Wohlgefallens« zu erkennen, wenn es heimkehrt.

> Ist doch die Weisheit beweglicher als jede Bewegung; in ihrer Reinheit durchdringt und erfüllt sie alles. Sie ist ja ein Hauch der Kraft Gottes und ein reiner Ausfluss der Herrlichkeit des Allherrschers; darum fällt kein Schatten auf sie. Denn sie ist ein Abglanz des ewigen Lichts und ein makelloser Spiegel des göttlichen Wirkens und ein Abbild seiner Güte.
> *Buch der Weisheit 7,24–26*

Schauen Sie sich die Hände des Vaters auf dem Bild an. Nur wenige erkennen auf den ersten Blick, dass diese Hände verschieden sind: eine Männerhand und eine Frauenhand. Rembrandt wusste, dass der Göttliche nicht nur ein Mann war, der vom Himmel auf seine Schöpfung blickte; er hatte etwas von dem Schöpfer verstanden, den Jesus uns nahebringen wollte. Er hatte den Gott Jesu als den kennengelernt, der das Beste aus Mutter und Vater in sich vereint, und noch mehr. Die Frauenhand übernahm er von einem früheren Bild, das eine jüdische Braut darstellte. Sie hat sehr zarte, feine und zärtliche Hände, die davon erzählen, was für eine Frau sie ist – beschützend, fürsorglich und voller Liebe. Die Männerhand ist Rembrandts eigene Hand. Sie erzählt von ihm als Vater, Unterstützer, Verteidiger und Freiheitsspender. Nach einem langen Leben, nachdem er den Tod zweier Ehefrauen und seiner Kinder erlebt hatte, verstand Rembrandt etwas vom Festhalten und Loslassen, vom Beschützen und Freilassen, von Mutterschaft und Vaterschaft. Deshalb war er dazu in der Lage, am Ende seines Lebens dieses Bild von Gott zu malen. Aus irgendeinem Grund hatte ihn sein Leiden nicht bitter gemacht oder mit Groll erfüllt, sondern vielmehr dafür geöffnet, das Herz der Liebe zu erkennen, die sich nach innigen, einzigartigen Beziehungen zu ihren Töchtern und Söhnen sehnt. Rembrandt konnte den Spender des Lebens als einen ungeheuer mitfühlenden, liebevollen Berater malen, der die unreifen, aber wachsenden großen Kinder der Schöpfung hält, segnet, loslässt und wieder in Sicherheit empfängt. Schauen Sie sich den Mantel an. Er ist wie ein gotisches Gewölbe, sehr beschützend. Wie die Flügel einer Vogelmutter, die sich um ihre Kinder legen. »Im Schatten deiner Flügel suche ich Zuflucht, bis vorüber das Unheil« (Psalm 57,1). Die segnende Berührung auf der Schulter des erwachsenen Kindes ist eine Berührung vollkommener Mutterschaft und Vaterschaft.

Ich habe einmal gehört, wie Jean Vanier, der Begründer der weltweiten Arche-Gemeinschaften, über Hände sprach. Er beschrieb die Hände, die vorsichtig einen verletzten Vogel umfangen, als Hände, die ebenso offen sind, um Bewegung und Freiheit zum Fliegen zuzulassen. Jean glaubt, dass jeder von uns beide Hände um sich braucht. Die eine sagt: »Ich halte dich sicher fest, weil ich dich liebe, und ich werde mich nie von dir trennen. Hab keine Angst.« Die andere sagt: »Geh, mein Kind, such dir deinen eigenen Weg, mach Fehler, lerne, leide, wachse und werde, der oder die du sein musst. Hab keine Angst. Du bist frei, und ich bin immer in der Nähe.« Jean Vanier stellt sich diese beiden Hände als die Hände der bedingungslosen Liebe vor.

Das lateinische Wort für Segen ist *benedictio*. Bene bedeutet »gut«, *dicere* bedeutet »sagen, sprechen«. *Benedicere*, segnen, bedeutet: einander Gutes sagen und bestätigen. Auf dem Bild steht die Berührung mit der Hand für den

> Wie herrlich ist dein Wohnort, liebender Schöpfer des Universums!
> Meine Seele sehnt, ja, verzehrt sich nach der Wohnung des Geliebten;
> alles in mir singt vor Freude am lebendigen Herzen der Liebe.
> Wie der Sperling ein Heim findet und die Schwalbe einen Nistplatz, um ihre Jungen aufzuziehen, in deiner herrlichen Schöpfung,
> so lädst du uns ein, in deinem Herzen zu wohnen.
>
> Nan C. Merrill, nach Psalm 84[53]

Segen desjenigen, der das Kind, das er und seine Frau in die Welt gebracht haben, leidenschaftlich bestätigt und liebt. Wenn er überhaupt zuhört, dann bekommt der junge Ausreißer nur dies zu hören: »Ich bin so dankbar, dass du zu Hause bist. Ich habe dir beim Aufwachsen zugesehen und habe mir immer gewünscht, dich in meiner Nähe zu haben, wenn du erwachsen wärst. Ich habe dich schrecklich vermisst und auf dich gewartet. Du bist mein geschätztes Kind, das ich von Herzen liebe.« Dieser Segen muss tief ins Herz des jungen Mannes eingedrungen sein.

> Gib dich zufrieden mit dem, was du hast; freu dich an dem, was ist. Wenn du feststellst, dass dir nichts fehlt, dann gehört dir die ganze Welt.
> *Lao-Tse*

Jesu ganze Mission bestand darin, unsere Teilhabe an der gesegneten Beziehung mit Dem zu bezeugen, der bedingungslose Liebe atmet. Als er das Gleichnis vom Verlorenen Sohn erzählte, war er sich darüber bewusst, wie dieses heilige Ereignis, dass ein Elternteil ein Kind segnet, tief in die Geschichte des Gottesvolks eingegraben war. Abraham segnete Isaak, und später segnete Isaak Jakob. Indem er uns diese Geschichte erzählte, wollte Jesus, dass jeder und jede von uns sieht, versteht und glaubt, dass auch auf uns ewig liebevolle, segnende Hände ruhen. Der Schöpfer des Universums lebt, flüstert unglaublich gute Dinge über uns in unser Herz und bittet uns, aufzustehen und unsere Freiheit zu nutzen, um mitfühlende Friedensstifter in unserer Welt zu werden. Dieses Band der Liebe berührt uns alle vom Beginn unseres Lebens bis zum Ende der Zeit und darüber hinaus. Es ist unser ursprünglicher Segen.

Wenn Sie und ich in dieser Beziehung zu Hause sind, finden wir uns im Herzen Dessen, den Jesus Vater nennt. Wir wohnen in der Intimität des Mutterleibs der Liebe. Vom Herzen der Liebe aus gesehen, blutet unser Herz vor Mit-Leiden, denn von dort aus sehen wir, wie Gott sieht.

Aus dieser innigen Verbindung mit Gott wachsen wir, bis wir so werden wie Der, den wir lieben. Sie und ich und alle Mitglieder der Menschheitsfamilie sind gesegnete Menschen; wir stehen unter dem Segen der bedingungslosen Liebe, die uns niemals genommen wird. Und wir sind Menschen, die den Leidenden ihr Mit-Leiden anbieten.

Jesus sagt uns, dass er selbst unser Weg ist. Wir finden den Weg, wenn wir ihm durch die Seiten der Heiligen Schrift folgen. Dort sehen wir, wie er immer in Gemeinschaft und Beziehung mit Dem stand, der ihn in die Welt gesandt hatte. Wenn sein Weg mit Leiden verbunden war, entschloss sich Jesus, nicht nach dem Warum zu fragen. Er entschloss sich, nicht diejenigen zu beschuldigen, die ihn verletzten. Er stand da in seiner Todesangst, aufs Innigste verbunden mit dem Dem, der ihn liebte, voller Vergebung und Fürsorge für die, die ihn so grausam folterten und töteten. Das ist sein Weg, und indem er uns diesen Weg anbietet, schenkt Jesus uns neue Augen, um unsere eigenen Erfahrungen von Leid und Leben in den Blick zu nehmen.

Eine echte Heimkehr besteht darin, uns für den Weg Jesu zu entscheiden, das Gute und Schmerzliche in unserem Leben anzuerkennen und um Geduld und Mut zu bitten, damit wir all jenen vergeben können, die uns auf unserer Reise verletzt haben. Ihre Liebe war begrenzt und von Bedingungen diktiert, aber sie hat uns die Suche nach der bedingungslosen, grenzenlosen Liebe ermöglicht. Dieser Weg bringt uns durch die Wüste des Leidens zu unserer verborgenen Ganzheit und unserer äußersten Schönheit in den Augen Dessen, den wir Gott nennen.

Hören

Lauschen Sie in der Stille und antworten Sie auf die Frage: »Wer ist dein Gott?« Hören Sie in der Tiefe auf das, was Sie für die Merkmale Ihrer Quelle des Lebens halten. Hören Sie zu, was Ihr Herz Ihnen über Ihren Gott erzählt. Dann schauen Sie wieder auf das Bild, auf das bedeutungsvolle, wenn auch begrenzte Abbild Dessen, den Jesus Gott nennt. Hören Sie auf das Herz aller Herzen, wie es sich nach Nähe und Zusammensein sehnt. Stellen Sie sich die Augen der Vatergestalt vor, die sich von dem Sohn auf Sie zu bewegt, um Sie zu umarmen und Sie einzuladen, den Platz des erwachsenen Kindes einzunehmen. Wenn Sie bereit sind, legen Sie Ihren Kopf an die Brust der Liebe und gestatten Sie der zarten Frauenhand, Sie zu berühren, dankbar für Ihre Heimkehr. Spüren Sie die starke Männerhand, die Sie mit Freude und in Gedanken an ein Fest liebkost. Hören Sie die Worte der Zärtlichkeit, des Willkommens und der bedingungslosen Liebe, die Ihnen gelten.

Aufschreiben

Schreiben Sie Ihre gemischten Gefühle unter dieser willkommen heißenden Umarmung auf.

Sich-Verbinden

Lauschen Sie in Ehrfurcht und Ehrerbietung auf die Worte der Bestätigung und des Willkommens. Nehmen Sie die Hände des Geliebten in Ihre Hände und stehen Sie auf. Blicken Sie in die Augen der Liebe und sprechen Sie. Sprechen Sie in Liebe.
    Ein Gespräch von Herz zu Herz.

*Eine Weisheitsübung für Menschen
auf der spirituellen Reise*

Übung 8: Barmherzigkeit empfangen

Keiner der jungen Männer in dem Gleichnis war alt genug, um zu wissen, wie man Barmherzigkeit gibt und empfängt. Aber nachdem sie auf ihre je eigene Weise Trennung erlitten hatten, bekamen sie beide das Angebot einer einzigartigen Rückkehr aus der Isolation in den Schoß der Familie. Bedingungslos segnet die Gestalt der Liebe zu Hause jedes Kind mit Vergebung, Barmherzigkeit und unverdientem Willkommen.

Ich freue mich an meiner Stärke und Fähigkeit, diejenigen zu unterstützen, die sich verletzlich fühlen; ich bin auch ein großzügiger Geber. Aber in meiner ständigen »Verdienst-Mentalität« werde ich nervös, wenn ich Freundlichkeit von anderen empfange. Ich habe immer das Gefühl, ich müsste es ihnen zurückzahlen. Ich habe gemischte Gefühle, wenn ich zu Hause willkommen geheißen werde, weil ich weiß, dies war nicht mein erstes Weggehen und wird vermutlich auch nicht das letzte sein. Aber mein Leben und mein Leiden machen mich mit der Zeit offen, Fürsorge, Freundlichkeit und Unterstützung zu empfangen; dann empfinde ich Dankbarkeit und fühle mich der Liebe würdig.

Wir wollen aufmerksam sein auf die kleinen Gesten der Liebe, die uns andere schenken und die uns an unsere eigene Schönheit erinnern. Wir wollen dankbar das Lächeln, das gute Wort, die fürsorgliche Umarmung und die Anerkennung entgegennehmen, die uns als Person bestätigen. Sie erinnern uns an den überwältigenden Empfang, der uns erwartet, wenn wir in die Gemeinschaft mit Gottes Geist zurückkehren, daran, dass die Barmherzigkeit immer erreichbar ist und jederzeit die Wahrheit bestätigt, dass wir wirklich geliebt werden.

9
Bedingungslose Liebe

Es ist eine Tatsache, dass wir leben, weil wir von der Liebe unserer Eltern und anderer Menschen berührt worden sind, auch wenn diese Liebe nur Widerschein einer noch viel größeren Liebe ist. Und zweifellos haben die Beziehungen zu unserer Familie und anderen Menschen dazu beigetragen, dass wir uns liebenswert oder auch weniger liebenswert fühlen. Unser Selbstgefühl wird durch wahre Liebe vergrößert und durch eine unvollkommene Liebe in der Familie verkleinert. Mir scheint es, als würde die begrenzte Erfahrung einer unbegrenzten Liebe in uns den tiefen inneren Schrei auslösen, es möge uns jemand bedingungslos lieben.

Ich persönlich weiß, dass ich Heilung in meinen Familienbeziehungen brauche, vor allem im Hinblick auf meinen Vater. Ich erinnere mich, wie er einmal zu mir sagte: »Ich weiß, du hältst mich für autoritär, und du hast sogar recht. Aber ich frage mich, warum kannst du mich nicht einfach so sein lassen?« Lachend fuhr er fort:

> Und was die Zukunft angeht, so besteht eure Aufgabe nicht darin, sie vorauszusehen, sondern möglich zu machen. Wir sollen nicht die Vision verfolgen – die Vision verfolgt uns.
> *Sprichwort der amerikanischen Ureinwohner*

»Du bist Psychologe. Du hast Freud und andere, die dir helfen, autoritäre Persönlichkeiten zu verstehen, und hier hast du eine solche Persönlichkeit in deiner Familie. Ich begreife nicht, warum du deine Freundschaften immer in aller Freiheit leben konntest und mir nicht gestattest, meine Beziehungen auf meine Weise zu leben.«

Und ich antworte ihm: »Du hast vollkommen recht. Warum eigentlich nicht?«

Aber tief in meinem Inneren wünsche ich mir immer noch, er wäre anders, weil ich in sein Verhalten hineinlese, dass er mich zu manipulieren versucht, indem er mir vorschreibt, wie ich den Kaffee zubereiten soll, indem er mich zum Haareschneiden schickt, indem er mich beleidigt, wenn er mir sagt, ich sei nicht alt genug, sein Auto zu fahren, und indem er darauf besteht, in fast jedem Gespräch das letzte Wort zu behalten. Wir verstehen einander auf vielen Ebenen nicht, und selbst im Alter von siebenundfünfzig Jahren verletzt mich die Art, wie er mit mir umgeht. Ich weiß also, dass ich noch viel mehr Zugeständnisse machen muss, dass ich ihn noch viel mehr so nehmen muss, wie er ist, und dass ich noch viel mehr versuchen muss, liebevoll mit ihm umzugehen.

> Diese Befreiung [des Herzens] macht uns offen und lässt uns entdecken, dass wir alle am selben Menschsein teilhaben. Ich möchte zeigen, dass es bei dieser Entdeckung um den Weg aus dem Alleinsein und der Einsamkeit zu einer Liebe geht, die Menschen verwandelt. Liebe wächst im Dazugehören ... Die Entdeckung unseres Menschseins befreit uns von unserer zwanghaften Sucht ... und heilt unsere inneren Verletzungen. Ihre Erfüllung findet sie im Vergeben und in der Fähigkeit, auch unsere Feinde zu lieben. Dies ist der Prozess der Entwicklung zum vollen Menschsein.
> *Jean Vanier*[54]

Weil ich diesen Kampf kenne, weiß ich, da muss noch mehr sein. Irgendwo muss es eine höhere Liebe geben, die mich davon befreit, meinen Vater ändern zu wollen. Vielleicht bin ich noch nicht ganz dort angekommen, aber ich glaube wirklich, dass es mir vor dem Hintergrund der vollkommenen Liebe Gottes möglich ist, die Dinge loszulassen, die mich an meinem Vater aufregen, damit ich mit ihm lachen und dankbarer für ihn sein kann. Wenn ich weiß, dass ich geliebt wurde, bevor mein Vater überhaupt anfangen konnte, mich zu lieben, dann inspiriert mich das dazu, ihn zu sehen, wie er ist: ganz einfach ein Mann mit einem guten, liebevollen Herzen, so wichtig und auch so klein wie alle anderen. Ja, er ist ein Mensch mit Macken, aber warum kann ich nicht lächeln, wenn er mir vorschreibt, wie ich den Kaffee zu machen habe? Es fühlt sich gut für mich an, meinem Vater die Erlaubnis zu geben, er selbst zu sein, ohne Bedingungen, selbst wenn ich es noch nicht ganz fertigbringe. Immerhin bin auch ich nur ein kleiner Mann mit vielen Schwächen und einem liebevollen Herzen, der nach seinem eigenen Weg sucht. Indem ich Gottes erste Liebe für mich in Anspruch nehme, kann ich meine unrealistischen Erwartungen viel leichter loslassen und so wirklich dankbar für den Vater sein, den ich habe.

> Das Üben am Trapez hat mich mit vielen unheiligen Geistern bekannt gemacht, die in den dunklen Bereichen der Psyche verborgen sind. ... Ich fürchte mich vor dem Versagen. Ich fürchte mich vor dem, was andere über mich denken. Ich habe Angst, mich zu blamieren. Ich habe Angst, die Kontrolle zu verlieren. Ich habe Angst, dass ich dir nicht vertrauen kann. Ich habe Angst, dass du mich verlässt, wenn ich deinen Erwartungen nicht entspreche.
> *Sam Keen*[55]

Es ist gut für uns, für Familienmitglieder, Partner und Kinder »da zu sein« und ihnen zu vergeben, ohne sie mit Gewalt ändern zu wollen. Es befreit uns, wenn wir akzeptieren, dass sie anders sind als wir, dass sie auf ihre eigene Weise denken und handeln und dass sie sich anders entscheiden, als wir es tun würden. Es ist wichtig, sie freizulassen, damit sie ihre eigenen Fehler begehen und die Lektionen des Lebens in ihrem eigenen Tempo lernen können. Und schließlich: Statt uns zu wünschen, dass sie unseren Erwartungen entsprechen – wie gesegnet wären wir, wenn wir dankbar sein könnten, selbst wenn sie uns nicht auf eine perfekte Weise lieben können. Wie liebevoll wäre es, wenn wir ihnen die Möglichkeit geben würden, in Frieden zu sterben. Jesus gibt uns einen guten Rat: »Verlass deinen Vater, verlass deine Mutter, verlass deine Schwester, verlass deinen Bruder.« Er weiß, dass wir, indem wir unsere Eltern und Geschwister freilassen, in uns Raum schaffen, nicht nur um Gottes bedingungslose Liebe willkommen zu heißen, sondern auch, um ganz allmählich zu einer mitfühlenden Elterngestalt für andere zu werden.

Ich spüre immer mehr, dass das Gegenteil der Liebe nicht der Hass ist, sondern die Furcht. Obwohl ich nicht glaube, dass ich irgendjemanden hasse, weiß ich doch, ich fürchte mich davor, dass Menschen mich nicht lieben, wenn ich mich in einer Beziehung frei verhalte. Ich sehe immer klarer, wie diese Furcht mich in die Isolation und Gewalttätigkeit führt. Das muss ich näher erklären.

Wenn ich noch nicht ganz für mich in Anspruch genommen habe, dass ich ein geliebtes Kind Gottes bin, dann trage ich echtes und eingebildetes Leid mit mir herum: Ich fühle mich ungeliebt, beleidigt, zurückgewiesen und unannehmbar. Dieses falsche Gefühl, nicht besonders gut zu sein, weckt Gefühle von Einsamkeit, Furcht und Sorge. Von dort aus versuche ich oft geradezu panisch, Akzeptanz bei anderen zu finden. Ich teile meine Welt ein in diejenigen, die auf meiner Seite sind, und diejenigen, die gegen mich sind. Um mich selbst zu schützen, klammere ich mich an die wenigen, die positiv auf mich reagieren, und beginne angstvoll all jene wegzuschieben, die sich meinen Freunden nähern; sie könnten mir ja Zuneigung wegnehmen. Und das alles nicht, weil ich hasse, sondern weil ich mich fürchte und Menschen voller Misstrauen als gefährlich ansehe. Wenn ich Gefahr wittere,

> Alles, was wir haben, ist nur geliehen. Unser Zuhause, unser Geschäft, Flüsse, enge Beziehungen, Körper, Erfahrungen, alles ist uns nur anvertraut und muss nach Gebrauch zurückgegeben werden. Als Treuhänder haben wir höchste und strengste Anforderungen an unser Pflichtgefühl zu beachten: Wir dürfen nichts nur zu unserem eigenen Nutzen verwenden, wir müssen klug damit umgehen und wir müssen das uns Anvertraute in ebenso gutem oder gar besserem Zustand zurückgeben, wie wir es empfangen haben.
> *John McQuiston II*[56]

kümmere ich mich nur noch ums Überleben und baue echte oder eingebildete Mauern auf, die meinen Raum schützen sollen. Dann horte ich natürlich auch Dinge für den Notfall und halte alles zurück: Emotionen, Geld, Wissen, materielle Dinge und Liebe – für den Fall, dass jemand anderer stärker oder erfolgreicher wird als ich.

Ich höre den Schrei meiner leidenden Schwestern und Brüder: »Schau doch nur, du hast so viele Freunde, so viel Wissen und Scheunen voller Getreide. Du hast mehr, als du brauchst, und ich habe nicht genug. Ich möchte etwas von dem haben, was du besitzt. Warum teilst du nicht mit mir und lässt mich an deinem Wohlstand teilhaben?« Aber die Furcht, die mich beherrscht, antwortet: »Du hast recht, im Moment habe ich mehr als genug, aber ich weiß ja nicht, was morgen kommt. Deshalb kann ich nicht mit dir teilen.«

> Zu Abba Poemen kamen einige, um ihn zu fragen: »Sage uns, wenn wir sehen, dass Brüder während des Gottesdienstes einnicken, müssen wir sie dann zwicken, damit sie wach bleiben?« Der Weise sprach zu ihnen: »Sähe ich einen Bruder schlafen, würde ich seinen Kopf auf meine Knie betten und ihn ruhen lassen.«
> *Henri Nouwen*[57]

Wenn Panik meinen Horizont beherrscht, rechne ich immer mit dem Schlimmsten. Ich sitze hinter meinen Mauern und befürchte, dass die Leute da draußen Pläne schmieden, sie niederzureißen, also setze ich noch ein paar Glasscherben und Sprengsätze auf die Mauerkrone. Ich werde gewalttätig gegenüber unsichtbaren Feinden. Und ich fürchte außerdem, dass meine Sprengladungen eher meinen Weg behindern als den des Feindes. Die Furcht frisst mich auf und hält mich davon ab, meiner inneren Hoffnung zu folgen: zu lieben und geliebt zu werden.

Ich hoffe, Sie können sehen, dass Hass viel weniger wichtig ist als die Furcht, die unser Inneres auffrisst und uns dazu zwingt, Gefängnisse um uns herum zu bauen. Ich hoffe, Sie können darüber nachdenken, dass die Furcht ...

... dem Gefühl Vorschub leistet, unsicher, ungeliebt und allein zu sein.

... uns glauben lässt, wir würden nicht geliebt, wenn wir uns frei benehmen.

... uns dazu bringt, die Welt in Freunde und Feinde aufzuteilen.

... uns Güter horten lässt.

... uns die Fähigkeit raubt, zu lieben und wiedergeliebt zu werden.

... unsere Möglichkeiten einschränkt, mit dem Geist der Liebe in uns in Beziehung zu treten.

Wenn wir der Furcht freiwillig gestatten, uns zu beherrschen und zu verändern, leben wir im Elend, weit weg von unserem Zuhause der bedingungslosen Liebe.

Dabei sagt Jesus zu seinen Jüngern und zu uns: »Fürchtet euch nicht, vollkommene Liebe überwindet alle Furcht.« Er bewegte sich frei, lebte frei und erhielt sich die innige Beziehung mit Dem, der ihn in die Welt gesandt hatte. In den Nächten und frühen Morgenstunden verbrachte er Zeit in Gemeinschaft mit Ihm, der ihn liebte. Mit seinen letzten Worten sagt er uns: »Wie mich mein Vater geliebt hat, so liebe ich euch ... Wenn ihr meine Worte haltet, werden der Vater und ich zu euch kommen und in euch Wohnung nehmen ... Ich werde euch meinen Geist senden, der für immer bei euch sein wird und euch an alles er-

> Du bereitest einen Tisch vor mir im Angesicht all meiner Ängste;
> du salbst mich mit Öl, mein Becher fließt über.
> Güte und Barmherzigkeit werden mir folgen an allen Tagen meines Lebens;
> und ich werde für immer im Herzen des Geliebten wohnen.
> *Nan C. Merrill, nach Psalm 23*[58]

innern wird, was ich euch gesagt habe.« Jesus ist gekommen, um uns davon zu überzeugen, dass ...

... die Liebe unseres Schöpfers reines Geschenk ist, unverdient und unentgeltlich.

... wir frei sind, mit der Quelle des Lebens in Beziehung zu treten oder nicht.

Wie heißen wir unsere verlorenen Brüder und Schwestern willkommen? Indem wir ihnen entgegenlaufen, sie umarmen und küssen. Indem wir ihnen die besten Kleider überziehen, die wir haben, und indem wir sie zu Ehrengästen machen. Indem wir ihnen das beste Essen anbieten und Freunde und Verwandte zu einer Party einladen. Und vor allem, indem wir keine Entschuldigungen oder Erklärungen erwarten, sondern einzig und allein unsere riesengroße Freude darüber zum Ausdruck bringen, dass sie wieder bei uns sind. ... Die Vergangenheit ist ausgelöscht. Was zählt ist das Hier und Jetzt, in dem unser Herz ganz und gar ausgefüllt ist mit Dankbarkeit für die Heimkehr unserer Brüder und Schwestern.
Henri Nouwen[59]

... eine größere Liebe alle Liebe umfängt, die Sie und ich je gekannt haben: ob von Vater, Mutter, Ehepartnern, Brüdern, Schwestern, Kindern, Lehrern, Freunden, Partnern oder Beratern.

... wir ganz von selbst dem bedingungslos Liebenden ähnlicher werden, wenn wir die bedingungslose Liebe willkommen heißen. Göttliche Liebe ist ewig.

Die Geschichte vom Verlorenen Sohn ist ein erstaunliches Bild für Gottes geduldiges Warten auf Gemeinschaft mit uns. Selbst wenn wir unser Zuhause für eine Weile verlassen, wartet die Liebe auf unsere Heimkehr. Wir können uns verdammen, aber objektiv werden wir wegen unserer irregeleiteten Entscheidungen nicht verurteilt, und Der uns liebt, sagt auch nicht: »Geh weg von mir, ich liebe dich nicht mehr. Du bist ein schlechter Mensch, du kommst in die Hölle.« Nein! Diese Reaktion wäre gegen die Natur des ewigen Liebhabers, den Jesus uns vorstellt. Der Gott Jesu ist, mit den Worten von Thomas Merton, »Barmherzigkeit inmitten von Barmherzigkeit inmitten von Barmherzigkeit«. Indem wir Barmherzigkeit empfangen, werden wir barmherzig; wir werden wie der Vater.

Selbst in all ihrer Schönheit kann diese Geschichte die große Wahrheit nicht ganz erfassen, dass Der, der uns erschaffen hat, Sie und mich mit leidenschaftlicher Freude liebt. Bestimmte Gottesbilder in der Heiligen Schrift sagen mehr über die Grenzen der menschlichen Ausdrucksfähigkeit und des vorgegebenen Weltbildes als über das Herz Dessen, der sich das Universum ausgedacht hat. Seit diese Texte geschrieben wurden, hat sich unser Wissen über die riesige Ausdehnung unseres Universums und unsere Verbundenheit untereinander erweitert. Wir müssen uns also nicht mehr auf ältere Gottesbilder stützen, die uns einen Gott zeigen, der keine zweite Chance zulässt und dessen Mitgefühl diejenigen unter seinen Kindern ausschließt, die schlechte Entscheidungen treffen. Wir brauchen gar nicht erst zu versuchen, uns das universelle Herz des Gottes vorzustellen, den Jesus uns offenbart. Wir haben es hier mit einem Schöpfer zu tun, der sagt: »Denn ich bin nicht gekommen, Gerechte zu berufen, sondern Sünder« (Matthäus 9,13). Und durch das Gleichnis vom Verlorenen Sohn sagt der Herr des Universums zu jedem und jeder Einzelnen von uns: »Denkt euch keine langen Reden aus, sondern vertraut meinem mitfühlenden Herzen. Ihr

Diener, bringt das beste Kleid und zieht es meinem Kind an. Steckt ihr einen Ring an den Finger, zieht ihm Sandalen an. Schlachtet das Mastkalb und bereitet ein Festessen vor. Denn mein geliebtes Kind war verloren und ist gefunden, es war tot und ist ins Leben zurückgekehrt.«

Ja, ich bin in ein fremdes Land gegangen, weil ich weggehen und das Leben selbst entdecken musste, und am Ende bin ich bei den Schweinen gelandet. Ich habe gelitten und viel entdeckt. Und ja, ich habe mit Zorn im Herzen im Weinberg meines Vaters gearbeitet, aber nicht, weil Gott es so wollte. Er, dessen Liebe bedingungslos ist, sagt: »Ich liebe dich so sehr, dass ich dir freiwillig die Freiheit gebe, zu leben und zu entscheiden. Aber denk daran, alles, was ich habe, gehört dir. Du bist allezeit bei mir. Meine Liebe zu dir ist echt und unverändert, auch wenn du dumme Entscheidungen triffst, also komm zurück und lass dich nach meinem Bild formen.«

Lassen Sie uns versuchen, immer mehr über die wahre Quelle unseres Lebens zu erfahren. Lassen Sie uns diesen Geist aller Wahrheit in unsere Herzen aufnehmen, damit er Furcht, Groll und Hass wegnimmt und unser Leben nach dem Bild des göttlichen Liebenden formt. Und lassen Sie uns ohne Em-

---

Komm göttlicher Geist
und sende uns Blinden
den Strahl deines Lichts.

Du Geber und Gabe,
gib Vater der Armen,
den Herzen ein Licht.

Du Stärkung und Trost,
du Gast unsres Geistes,
Erfrischung und Kraft.

Du Ruhe in Not,
du Weite in Ängsten,
du Trost in Gefahr.

Glückseliges Licht,
erfülle von innen
das gläubige Herz.

Wenn dein Strahlen fehlt,
versinken wir Menschen,
versinken im Nichts.

pörung immer wieder heimkehren. Leonard Bernstein hat ein unglaubliches Musiktheaterstück mit dem Titel *Mass* geschrieben, über einen Priester, der in einer sehr zeitgenössischen Umgebung die Messe liest. Wir sehen, wie der Priester sich von den Leuten ankleiden und dann hochheben lässt. Er steht im Mittelpunkt, sehr wichtig und wie ein hoch geehrter, geschmückter König. Plötzlich stürzt er, und im Fallen zerbrechen Kelch und Hostienschale. In der nächsten Szene sehen wir denselben Priester in Jeans, wie er durch all die Scherben und das zerbrochene Glas geht. Und er sagt etwas Unglaubliches. Sehr langsam sagt er: »Ich wusste nicht, wie hell das Licht ist, bis ich es hier in den Glasscherben sah.« Nicht die Tatsache, dass er erhöht wurde, hat ihn erleuchtet, sondern das zerbrochene Glas, das zersprungene Glas seiner selbst hat ihm das Licht seiner wahren Identität gezeigt.

Unsere Heimkehr ist also die Abkehr von den durchdringenden Ängsten, die Beziehungen verkrüppeln lassen, uns im Elend einkerkern und uns die Freiheit rauben. Unsere Heimkehr bedeutet, dass auch wir das Licht der Wahrheit in den zerbrochenen Scherben unseres individuellen Lebens erkennen. Wir sind nichts anderes als ängstliche Kinder, unfähig zu einer treuen, innigen und dauerhaften Beziehung zur göttlichen Liebe. Aber

Beflecktes mach rein!
Vertrocknetes tränke!
Erkranktem gib Heil!

Erstarrtes mach weich!
Dem Kalten schenk Wärme,
Verirrtem den Weg!

Gib dem, der vertraut,
die Fülle der Gaben,
die Fülle der Kraft:

die Liebe, die bleibt,
ein seliges Ende
und Freude in Gott.
Pfingstsequenz »Veni sancte spiritus«[60]

dadurch, dass uns immer wieder vergeben wird, haben wir die Macht, andere umso mehr zu lieben.

Der ganze Auftrag Jesu, als er kam, um mit uns zu leben, bestand darin, uns nach Hause zu rufen, in die Wahrheit unseres Lebens. Er lebt und lehrt uns die Zugehörigkeit zum Mutterleib der unveränderlichen Liebe, zur Intimität der Gemeinschaft, zum Haus des Spenders allen Lebens und Atems, im Namen des mitfühlenden Schöpfers. Gottes Name ist unser Zuhause, unser Wohnort. Wenn Sie gefragt werden: »Wer sind Sie?«, dann antworten Sie: »Ich bin zu Hause, ich bin in seinem Namen, und dort lebe ich und finde Sicherheit.« Von diesem Zuhause aus und in Begleitung des uns leitenden Geistes gehen wir hinaus in die Welt, ohne die Quelle der Zugehörigkeit je zu verlassen. Der Name, das Zuhause, die Familie, der Mutterleib und die Gemeinschaft – dort wohnen wir, verwurzelt und gehalten.

»Ihr seid nicht von dieser Welt«, sagte Jesus zu seinen Jüngern. »Ich bin nicht von dieser Welt, sondern vom Vater.« Jesus sagt damit, dass er ganz und gar in einer innigen Beziehung mit dem Göttlichen lebt und dass es nichts in ihm gibt, das nicht in dieser Umarmung gehalten wird. Er weiß, dass er in die Welt gesandt ist, um uns dieses Geschenk ebenfalls anzubieten. Auch wir leben in der innigen Umarmung des Heiligen. Wie Jesus gehören wir nicht zu dieser Welt, sondern zu dem göttlichen Tröster. Und wir sind wie Jesus in die Welt gesandt, um unsere Liebe ohne Gegenleistung den anderen zu schenken und persönlich zu bezeugen, dass Liebe möglich ist.

Jesus zieht uns alle ins Herz der Liebe. »Ich gehe zu meinem Gott und zu eurem Gott.« Wenn wir im Herzen des Göttlichen sind, dann sind wir auch im Herzen der Welt, denn die Welt wohnt im Herzen ihres Schöpfers. Aus dem Herzen der Liebe steigen wir schließlich in die Schuhe Gottes und werden zu mitfühlenden Liebenden für andere Menschen. Von unserem Wohnort im Herzen der Liebe aus sind wir frei; wir können großzügig sein und andere willkommen heißen und dabei doch immer zu Hause sein.

Hören

Hören Sie auf die Liebe, die durch alle Zeiten zu Ihnen spricht:

»Fürchte dich nicht; denn ich habe dich ausgelöst und rufe dich beim Namen, mein bist du. ... Weil du mir so teuer bist in meinen Augen, so wertgeschätzt und weil ich dich liebe, gebe ich Länder für dich hin und Völker für dein Leben. Fürchte dich nicht; denn ich bin mit dir« (Jesaja 43,1.4–5).

»Ich nenne euch nicht mehr Knechte; denn der Knecht weiß nicht, was sein Herr tut. Euch habe ich Freunde genannt, weil ich euch alles mitgeteilt habe, was ich von meinem Vater gehört habe« (Johannes 15,15).

»Wenn jemand mich liebt, wird er mein Wort halten und mein Vater wird ihn lieben; wir werden zu ihm kommen und Wohnung bei ihm nehmen« (Johannes 14,23).

»Dadurch wird mein Vater verherrlicht, dass ihr viel Frucht bringt und meine Jünger werdet. Wie mich der Vater geliebt hat, so habe auch ich euch geliebt« (Johannes 15,8–9).

»Liebt eure Feinde, tut Gutes denen, die euch hassen. Segnet die, die euch verfluchen, und betet für die, die euch verleumden« (Lukas 67,27–28).
Hören Sie von ganzem Herzen zu.

Aufschreiben

Schreiben Sie Ihre Bereitschaft auf, nicht mehr aus der verletzten Vergangenheit zu leben, und folgen Sie mutig der Spur Jesu, dessen Herz angefüllt ist mit Liebe für jeden Menschen. Schreiben Sie von Ihrer Sehnsucht und Bereitschaft, sich sanft zu öffnen für das Mit-Leiden denen gegenüber, die Sie fürchten. Schreiben Sie von den Menschen in Ihrem Leben und von der Art und Weise, wie Sie sie auf Ihrer Lebensreise immer mehr als Brüder und Schwestern umarmen wollen. Schreiben Sie von Ihrer Bereitschaft, Ihre mütterlichen und väterlichen Gaben im Dienst für andere erblühen zu lassen.

Sich-Verbinden

Sprechen Sie jetzt mit dem Gott, der in Ihr Leben hineingesprochen hat. Bitten Sie den großen Erwecker, das versiegelte Reservoir an Mitgefühl, Vergebung und Willkommen zu öffnen, für alle Menschen, die heute Teil Ihres Lebens sind. Sprechen Sie und lauschen Sie auf die sanfte Vergewisserung: »Fürchte dich nicht. Bleib bei mir. Du darfst in deiner tiefsten Seele wohnen.«
Ein Gespräch von Herz zu Herz.

*Eine Weisheitsübung für Menschen
auf der spirituellen Reise*

Übung 9: Begleitung suchen

Weit weg von zu Hause und isoliert von anderen Menschen, hungerte und dürstete der junge Ausreißer nach Nahrung, aber auch nach einer helfenden Hand, um etwas von dem wieder in Anspruch zu nehmen, was er verloren hatte, als er von zu Hause wegging. Er konnte seine Last aus Schuld und Scham überwinden und sich wieder seinem Zuhause und seiner Familie zuwenden. Dort würde er um die nötige Unterstützung bitten, damit er wieder aufrecht stehen und in Wahrheit wieder zu sich finden konnte. Sein älterer Bruder kam noch nicht mit seiner eigenen Bedürftigkeit zurecht, Unterstützung für seine wunden Punkte zu suchen. Aber beide waren sie eingeladen, in die Elternrolle hineinzuwachsen.

Weil ich nicht davon überzeugt bin, dass ich geliebt werde, klammere ich mich zur Sicherheit an meine negativen Emotionen. Ich falle regelmäßig zurück, gebe meine guten Vorsätze auf, kehre zögernd um und gehe dann schnell wieder weg. Nach meinem Zusammenbruch und während meiner Zeit in Winnipeg wusste ich, dass ich Unterstützung brauchte, auch wenn ich mich dafür schämte. Zwei Menschen begleiteten mich durch diese langen, einsamen Monate, hörten mir zu, trösteten mich und fragten nach. Ich will mir gar nicht vorstellen, wo ich wäre, wenn es sie nicht gegeben hätte. Heute begleiten mich andere Freunde, wenn es mir gut geht und wenn es mir nicht so gut geht, und ich treffe mich regelmäßig mit ihnen, um von meinem Weggehen und Zurückkommen und meiner wachsenden Sehnsucht zu sprechen, zu Hause zu sein, um andere, die so sind wie ich, willkommen zu heißen.

Das spirituelle Leben ist ein trügerisches Unterfangen, das wir am besten nicht allein in Angriff nehmen. In einigen Traditionen spricht man von geistlicher Begleitung. Gute Mentoren sind selbst auf dem Weg und deshalb nicht schockiert, wenn sie uns sagen hören, wie oft wir zurückkommen und wieder weggehen. Begleiter hören zu, helfen uns bei der Klärung unserer Motivationen und erkennen zerstörerische Muster. Wir brauchen Mentoren, die uns nicht beurteilen oder uns sagen, was wir tun sollen. Wie brauchen Menschen, die uns Mut machen, in uns selbst nach Begleitung für die Zukunft zu suchen, und die uns herausfordern, aufzustehen und die Liebe als unser Erbteil wieder in Anspruch zu nehmen. Gute Mentoren zeigen uns die Wahrheit, aber auch unsere vielen Brüder und Schwestern in der Menschheitsfamilie, die darauf warten, von unserer mitfühlenden Liebe willkommen geheißen zu werden.

EPILOG
Nach Hause kommen

Henri, wir danken dir, dass du uns berichtet hast, was Gott tief in die schmerzlichen, undurchdringlichen Stellen in deinem Leben hineingesprochen hat. Wir danken dir, dass du uns die Tür zu unserer eigenen innersten Geschichte gezeigt hast und dass du uns die Freiheit gegeben hast, unseren eigenen Weg in dieses Gleichnis hinein zu gehen. Danke für die Lehre, dass wir unseren Schmerz durchstehen und in Lauterkeit und Solidarität mit anderen Leidenden in der Welt leben sollen. Und für den Hinweis auf die kleinen Möglichkeiten, unser Zuhause in Anspruch zu nehmen, während wir »auf dem Heimweg« sind. Wir danken dir auch für das Geschenk der geistlichen Übungen, die uns langsam in dieselbe innige Beziehung hineinwachsen lassen, die Jesus mit Dem lebte, der ihn in die Welt gesandt hatte.

Ist dir eigentlich klar, dass du, indem du mit uns auf so ehrliche Weise deine Identifikation mit den zwei jungen Leuten in dem Gleichnis geteilt hast, unbewusst zu einer liebevollen Vatergestalt geworden bist, die leidenschaftlich auf *unsere* Rückkehr zur Wahrheit wartet?

Vielleicht hast du Johns Frage, »Henri, bist du heute Abend zu Hause?«, immer nur oberflächlich gehört. Aber vielleicht haben seine hartnäckigen Wiederholungen dir auch Mut gemacht, mit tastenden Schritten durch deine zweite Einsamkeit zu gehen, damit du nach Daybreak zurückkehren konntest. An der Art, wie du uns vertrauensvoll einlädst, es dir gleichzutun, ist jedenfalls nichts Oberflächliches. Wir danken dir.

Und nun geben wir als Herausgeber dir, Henri, das letzte Wort zur Zusammenfassung deiner Antwort auf Johns Frage: »Bist du heute Abend zu Hause?« Es handelt sich um die bearbeitete Fassung eines Beitrags von dir in der Dokumentation des *Public Broadcasting Service: Journey oft he Heart: The Life of Henri Nouwen.*

Als ich das Poster mit dem Gemälde von Rembrandt sah, auf dem der heimkehrende Sohn von seinem Vater umarmt wird, da war ich vollkommen überwältigt und sagte: »Da will ich auch hin.« Ich fing an, mich als verlorenen Sohn zu sehen, der nach Hause zurückkehren will. Aber dann ... begann auf einmal der ältere Sohn zu mir zu sprechen. Ich bin selbst der älteste Sohn meiner Familie, und ich erkannte, wie viel Groll in mir war, wie viel Hadern mit meinem Platz im Leben. Und mir wurde klar, dass *beide* jungen Leute in mir lebten.

> In einem bestimmten Augenblick des Lebens eines jeden von uns stellt sich ein Ereignis ein, das uns endlich unüberhörbar in die Freiheit und Offenheit hinausruft.
> *Jean Vanier*[61]

Mehr als ein Jahr später widerfuhr mir etwas unglaublich Wichtiges. Ich litt unter einer Depression und war krankheitshalber länger weg von der Arche-Gemeinschaft in Daybreak. Ein Mitglied meiner Gemeinschaft kam mich besuchen und sagte im Lauf des Gesprächs zu mir: »Henri, du sprichst immer von dir als dem Verlorenen Sohn, und oft sprichst du auch von dir als dem älteren Sohn, aber ich glaube, jetzt ist es Zeit, dass du der Vater wirst! Das ist deine Berufung.«

Schauen Sie sich die Vatergestalt auf dem Bild an. Dieser Mann hat die Hände einer Mutter und eines Vaters, eine männliche und eine weibliche Hand, die ein geliebtes Kind berühren. Schauen Sie sich diese Vatergestalt an, die wie eine Vogelmutter mit ihrem großen Mantel das Junge schützend an sich zieht. Schauen Sie ihn sich an, wie er sein Kind zu Hause willkommen heißen will, ohne Fragen zu stellen. Der Vater will nicht einmal die Geschichte des jüngeren Sohns hören. Und auch nicht die Geschichte seines älteren Kindes. Er möchte nur, dass sie zu Hause sind, mit ihm am selben Tisch sitzen und erwachsen werden, damit sie werden wie er.

> Voller Ehrfurcht und Scheu stehe ich an dem Ort, an den Rembrandt mich brachte. Er führte mich von dem heruntergekommenen, knienden jungen Sohn zu dem gebeugt stehenden alten Vater, von dem Ort des Gesegnetwerdens zu dem Ort des Segnens. Wenn ich auf meine alt werdenden eigenen Hände schaue, weiß ich, dass sie mir gegeben sind, um sie nach allen auszustrecken, die leiden, um sie auf den Schultern aller ruhen zu lassen, die kommen, und um den Segen darzureichen, der aus dem unendlichen Schweigen der Liebe Gottes entspringt.
> Henri Nouwen[62]

Von einem Moment zum anderen erkannte ich plötzlich, dass meine letzte Berufung nicht nur in der Heimkehr liegt, sondern darin, Menschen zu Hause willkommen zu heißen, indem ich sage: »Ich bin so froh, dass du da bist! Ich bin so froh, dass du da bist! Los, bringt das schöne Kleid, den kostbaren Ring, die besten Sandalen her. Wir wollen feiern, weil du endlich nach Hause gekommen bist.«

Anmerkungen

1. Parker J. Palmer: *The Active Life*. San Francisco (Harper and Row) 1990, S. 98.
2. Rainer Maria Rilke: *Briefe an einen jungen Dichter*. Brief Nr. 4, Worpswede 16. Juli 1903.
3. Macrina Wiederkehr: *A Tree Full of Angels*. San Francisco (Harper and Row) 1991, S. 53.
4. Henri J. M. Nouwen: *Die Kraft seiner Gegenwart. Leben aus der Eucharistie*. Freiburg im Breisgau (Herder) 1994, 3. Aufl. 1996.
5. *Psalm 69 aus:* Nan C. Merrill: *Psalms for Praying*. New York (Continuum) 1996, S. 134.
6. Parker J. Palmer: *The Active Life*. San Francisco (Harper and Row) 1990, S. 99.
7. Etty Hillesum: *Das denkende Herz. Die Tagebücher der Etty Hillesum 1941–1943*. Deutsch von Maria Csollány. Rororo, Reinbek 1985 (23. Aufl. Mai 2012), S. 35f.
8. Edwina Gateley in: Dick Ryan (Hrsg.): *Straight from the Heart. Reflections from Twentieth-Century Mystics*. New York (Crossroads) 2001, S. 85.
9. Marsha Sinetar in: Dick Ryan (Hrsg.): *Straight from the Heart. Reflections from Twentieth-Century Mystics*. New York (Crossroads) 2001, S. 85.
10. Barbara Fiand in: Dick Ryan (Hrsg.): *Straight from the Heart. Reflections from Twentieth-Century Mystics*. New York (Crossroads) 2001, S. 78.
11. John McQuiston II: *Always We Begin Again: The Benedictine Way of Living*. Harrisburg (Morehouse) 1996, S. 80.
12. Julia Cameron: *Der Weg des Künstlers. Ein spiritueller Pfad zur Aktivierung unserer Kreativität*. Deutsch von Anne Follmann und Ute Weber. Droemer Knaur (Knaur TB), München 1996 und 2009, S. 221.
13. Christin Lore Weber: *The Finding Stone*. San Diego (Lura Media) 1995.
14. Flannery O'Connor: *The Habit of Being*. New York (Vintage Books) 1979, S. 307.

15 Jean Vanier: *Einfach Mensch sein*. Freiburg im Breisgau (Herder) 2001, S. 26f.
16 Psalm 38 aus: Nan C. Merrill: *Psalms for Praying*. New York (Continuum) 1996, S. 72.
17 Wayne Muller: *Sabbath. Restoring the Sacred Rhythm of Rest*. New York (Bantam) 1999, S. 48.
18 Psalm 52 aus: Nan C. Merrill: *Psalms for Praying*. New York (Continuum) 1996, S. 102.
19 Henri J. M. Nouwen: *Du bist der geliebte Mensch. Religiös leben in einer säkularen Welt*. Deutsch von Bernardin Schellenberger. Freiburg im Breisgau (Herder) 1993, Neuausgabe 2. Aufl. 2012, S. 26.
20 John McQuiston II: *Always We Begin Again: The Benedictine Way of Living*. Harrisburg (Morehouse) 1996, S. 74.
21 Julia Cameron: *Der Weg des Künstlers. Ein spiritueller Pfad zur Aktivierung unserer Kreativität*. Deutsch von Anne Follmann und Ute Weber. Droemer Knaur (Knaur TB), München 1996 und 2009, S. 19.
22 Khalil Gibran: *Der Prophet*. Deutsch von Ulrich Schaffer. Freiburg im Breisgau (Herder) 2002, Neuausgabe 2011, S. 25.
23 Etty Hillesum: *Das denkende Herz. Die Tagebücher der Etty Hillesum 1941–1943*. Deutsch von Maria Csollány. Rororo, Reinbek 1985 (23. Aufl. Mai 2012), S. 49.
24 Parker J. Palmer: *To Know As We Are Known. Education as a Spiritual Journey*. New York (HarperCollins) 1983, S. 11.
25 Desmond Tutu: *Gott hat einen Traum. Neue Hoffnung für unsere Zeit*. Deutsch von Astrid Ogbeiwi. Diederichs gelbe Reihe, Heinrich Hugendubel Verlag, Kreuzlingen/München 2004, S. 47.
26 Maya Angelou: *Wouldn't Take Nothing for My Journey Now*. New York (Random House) 1993. S. 80.
27 Desmond Tutu: *Gott hat einen Traum. Neue Hoffnung für unsere Zeit*. Deutsch von Astrid Ogbeiwi. Diederichs gelbe Reihe, Heinrich Hugendubel Verlag, Kreuzlingen/München 2004, S. 47.
28 Trevor Hudson: *Listening to the Groans*. Nashville (Upper Room) 2007.
29 Jean Vanier: *In Gemeinschaft leben. Meine Erfahrungen*. Deutsch von Michael Marsch. Freiburg im Breisgau (Herder) 1993, S. 116.
30 Annie Dillard: *Teaching a Stone to Talk*. New York (Harper and Row) 1982, S. 94f.

31 Psalm 42 aus: Nan C. Merrill: *Psalms for Praying*. New York (Continuum) 1996, S. 81.
32 Oriah Mountain Dreamer: *Die Einladung*. Deutsch von Ulla Rahn-Huber. Wilhelm Goldmann Verlag (Verlagsgruppe Random House), München 2000, S. 7f.
33 Wayne Muller: *Sabbath. Restoring the Sacred Rhythm of Rest*. New York (Bantam) 1999, S. 176.
34 Henri J. M. Nouwen: *Spiritual Direction. Wisdom for the Long Walk of Faith*. San Francisco (HarperSanFrancisco) 2006, S. xviii.
35 Desmond Tutu: *Gott hat einen Traum. Neue Hoffnung für unsere Zeit*. Deutsch von Astrid Ogbeiwi. Diederichs gelbe Reihe, Heinrich Hugendubel Verlag, Kreuzlingen/München 2004, S. 35.
36 Henri J. M. Nouwen: *Nimm sein Bild in dein Herz. Geistliche Deutung eines Gemäldes von Rembrandt*. Freiburg im Breisgau (Herder) 1991, 17. Aufl. 2012, S. 92f.
37 Jean Vanier: *Einfach Mensch sein*. Freiburg im Breisgau (Herder) 2001, S. 71.
38 Yushi Nomura und Henri J. M. Nouwen: *Weisheit aus der Wüste*. Freiburg im Breisgau (Herder) 2002, S. 67.
39 Parker J. Palmer: *Let Your Life Speak. Listening for the Voice of Vocation*. San Francisco (Jossey-Bass) 2000, S. 34.
40 Wayne Muller: *Sabbath. Restoring the Sacred Rhythm of Rest*. New York (Bantam) 1999, S. 7.
41 Yushi Nomura und Henri J. M. Nouwen: *Weisheit aus der Wüste*. Freiburg im Breisgau (Herder) 2002, S. 97.
42 Sam Keen: *Learning to Fly. Reflections on Fear, Trust, and the Joy of Letting Go*. New York (Broadway Books) 1999.
43 Yushi Nomura und Henri J. M. Nouwen: *Weisheit aus der Wüste*. Freiburg im Breisgau (Herder) 2002, S. 27.
44 Henri J. M. Nouwen: *Bread for the Journey. A Daybook of Wisdom and Faith*. San Francisco (HarperSanFrancisco) 1997; Eintrag für den 15. April.
45 John McQuiston II: *Always We Begin Again: The Benedictine Way of Living*. Harrisburg (Morehouse) 1996, S. 17f. (Neuausgabe 2011).
46 Henri J. M. Nouwen: *Adam und ich. Eine ungewöhnliche Freundschaft*. Freiburg im Breisgau (Herder) 1998, S. 29f. (Neuausgabe 2011).
47 Annie Dillard: *Teaching a Stone to Talk*. New York (Harper and Row) 1982, S. 141.

48 Psalm 101 aus: Nan C. Merrill: *Psalms for Praying.* New York (Continuum) 1996, S. 207.
49 Jean Vanier: *Einfach Mensch sein.* Freiburg im Breisgau (Herder) 2001, S. 172f.
50 Psalm 119 aus: Nan C. Merrill: *Psalms for Praying.* New York (Continuum) 1996, S. 264.
51 Desmond Tutu: *Gott hat einen Traum. Neue Hoffnung für unsere Zeit.* Deutsch von Astrid Ogbeiwi. Diederichs gelbe Reihe, Heinrich Hugendubel Verlag, Kreuzlingen / München 2004, S. 119.
52 Wayne Muller: *Sabbath. Restoring the Sacred Rhythm of Rest.* New York (Bantam) 1999, S. 178.
53 Psalm 84 aus: Nan C. Merrill: *Psalms for Praying.* New York (Continuum) 1996, S. 174.
54 Jean Vanier: *Einfach Mensch sein.* Freiburg im Breisgau (Herder) 2001, S. 11.
55 Sam Keen: *Learning to Fly. Reflections on Fear, Trust, and the Joy of Letting Go.* New York (Broadway Books) 1999, S. 36f.
56 John McQuiston II: *Always We Begin Again: The Benedictine Way of Living.* Harrisburg (Morehouse) 1996, S. 52.
57 Yushi Nomura und Henri J. M. Nouwen: *Weisheit aus der Wüste.* Freiburg im Breisgau (Herder) 2002, S. 33.
58 Psalm 23 aus: Nan C. Merrill: *Psalms for Praying.* New York (Continuum) 1996, S. 40.
59 Henri J. M. Nouwen: *Bread for the Journey. A Daybook of Wisdom and Faith.* San Francisco (HarperSanFrancisco) 1997; Eintrag für den 3. Juli.
60 Deutsche Textfassung des »Veni sancte spiritus« von Ulrich Sander, zitiert nach: Herders Großes Buch der Gebete. Freiburg im Breisgau (Herder) 2009, 319f.
61 Jean Vanier: *Einfach Mensch sein.* Freiburg im Breisgau (Herder) 2001, S. 174.
62 Henri J. M. Nouwen: *Nimm sein Bild in dein Herz. Geistliche Deutung eines Gemäldes von Rembrandt.* Freiburg im Breisgau (Herder) 1991, 17. Aufl. 2012, S. 165.

Ausgewählte Schriften von Henri Nouwen

Die im Folgenden vorgestellten Schriften Henri Nouwens sind alle erschienen im Verlag Herder, Freiburg im Breisgau.

Nimm sein Bild in dein Herz
Geistliche Deutung eines Gemäldes von Rembrandt
172 Seiten | Gebunden mit Schutzumschlag
ISBN 978-3-451-22404-1
Rembrandts Meisterwerk »Die Rückkehr des Verlorenen Sohnes« wird für Henri Nouwen zu einem Inbegriff des Lebens. Nouwens Summe innerer Lebenserfahrung und christlicher Spiritualität.

Die dreifache Spur
Orientierung für ein spirituelles Leben.
Mit einem Vorwort von Pierre Stutz
240 Seiten | Flexcover mit Leseband
ISBN 978-3-451-33416-0
Henri Nouwen schreibt über die drei grundlegenden Dimensionen des spirituellen Lebens: das Verhältnis zu sich selbst, zu den Mitmenschen und zu Gott. Dabei geht es nicht um statische Regeln, sondern existenzielle Bewegungen: von der Einsamkeit zur Stille, von Konkurrenz-Verhältnissen zu einem gastfreundlichen Lebensstil, von der ängstlichen Selbsttäuschung zum frei machenden Gebet.

Du bist der geliebte Mensch
Religiös leben in einer säkularen Welt
128 Seiten | Gebunden
ISBN 978-3-451-29282-8
Eine Inspiration für alle, die auf der Suche sind, wie sie mitten im von Hektik, Mobilität und Leistungszwang geprägten Alltag unserer westlichen Welt zu einem spirituellen Leben finden können.

Ich hörte auf die Stille
Sieben Monate im Kloster
Herder spektrum Taschenbuch 6395 Großdruck Edition
Henri Nouwens Kloster-Tagebuch zählt zu den Klassikern der Spiritualität und begründete seinen Weltruf als spiritueller Lehrer. Sieben Monate nahm er am Leben der Mönche im Trappistenkloster Genesee Abbey im Staat New York teil. Er unterstellte sich den Lebensregeln der Mönche.

Gebete aus der Stille
Mit einem Vorwort von Anselm Grün
Herder spektrum Taschenbuch 6575
Während eines sechsmonatigen Klosteraufenthalts entstanden die Gebete dieses Buches. Henri Nouwens »Weg des Herzens« führt aus den Ängsten und der Zerrissenheit des modernen Lebens zu einem Herzen voll Dankbarkeit. In seiner Einleitung erschließt Anselm Grün die Wurzeln der Spiritualität dieses großen zeitgenössischen Meister des Gebets.

Adam und ich
Eine ungewöhnliche Freundschaft
Mit einem Vorwort von Heiner Wilmer
Herder spektrum Taschenbuch 6305
Im Zusammenleben mit behinderten Menschen wurde Henri Nouwens Freundschaft mit dem schwerstbehinderten Adam zur intensiven spirituellen Erfahrung. Ein sehr persönliches Zeugnis, wie die liebevolle Beziehung zu einem anderen Menschen zu einer Begegnung mit Jesus werden kann.

Nach Hause finden
Wege zu einem erfüllteren Leben
Herder spektrum Taschenbuch 6301
Dieses Buch enthält die gebündelte Antwort des großen geistlichen Schriftstellers auf die menschlichen Existenzfragen: Chancen, zum Wesentlichen des Lebens vorzudringen.

In einem anderen Licht
Von der Kunst des Lebens und Sterbens
Herausgegeben von Andrea Schwarz
Herder spektrum Taschenbuch 6306
Ein Kompendium, das Henri Nouwen als großen zeitgenössischen Lehrer einer Kunst des Sterbens erschließt – eine Kunst, die hilft, das Leben in einem neuen, bereichernden Licht zu sehen.

Christi Weg nach unten
Eine Spiritualität für unsere Zeit
Herder spektrum Taschenbuch 6548
Was bedeutet spirituelles Leben in einer von Idealen des Wachstums und Fortschritts bestimmten Zeit? In diesem Buch entwirft Henri Nouwen ein klares Bild der Spannung zwischen den Werten einer »Aufsteiger«-Gesellschaft und der christlichen Botschaft. Er zeigt konkrete Wege auf, in unserer Zeit den »Weg Christi« zu finden und zu gehen. Die ideale Lektüre zur Fasten- und Osterzeit.

Leben hier und jetzt
Jahreslesebuch
Herder spektrum Taschenbuch 6396
Für jeden Tag des Jahres Impulse von Henri Nouwen. Die Texte des großen spirituellen Autors umgreifen das ganze Spektrum unseres Lebens: Gemeinschaft und Einsamkeit, Trauer und Freude, Erfolg und Niederlage, Freundschaft und Liebe. Sein Ziel: im Unscheinbaren des Augenblicks die Gegenwart des Göttlichen entdecken.

Zum Autor

Henri Nouwen, 1932–1996, gab eine Karriere als Hochschulprofessor auf und schloss sich der von Jean Vanier gegründeten »Arche«-Bewegung eines gemeinsamen Lebens mit behinderten Menschen an. Er zählt international zu den wichtigsten spirituellen Autoren.

Die Originalvorträge von Henri Nouwen sind auf der Website von HenriNouwen.org zu hören oder können bei »Daybreak Publications« erworben werden. Bitte schreiben Sie eine E-Mail an pubs@larchedaybreak.com

MIX
Papier aus verantwortungsvollen Quellen
FSC® C106847

Titel der amerikanischen Originalausgabe:
Henri Nouwen: Home Tonight
Copyright © 2009 by Henri Nouwen Legacy Trust
Published in the United States by Doubleday, an imprint of
The Doubleday Publishing Group, a division of
Random House, Inc., New York.

Für die deutschsprachige Ausgabe:
© Verlag Herder GmbH, Freiburg im Breisgau 2013
Alle Rechte vorbehalten
www.herder.de

Bibelzitaten ist die Übersetzung der Herder-Bibel zugrunde gelegt
Die Bibel. Die Heilige Schrift
des Alten und Neuen Bundes
Vollständige deutschsprachige Ausgabe   DIE BIBEL
© Verlag Herder GmbH, Freiburg im Breisgau 2005

Umschlaggestaltung: Guter Punkt, München
Bildmotiv (Einband und innen): Rembrandt Harmenszoon van Rijn, Die Heimkehr des Verlorenen Sohnes (1669)
Autorenfoto: © Kevin Dwyer

Satz: post scriptum, Emmendingen / Hinterzarten
Herstellung: fgb · freiburger graphische betriebe
www.fgb.de

Printed in Germany

ISBN 978-3-451-32306-5